中南财经政法大学学科统筹项目『中南大学者学术人生的采访与社会传播』
（项目编号：WHCC202110）资助出版

中南财经政法大学学者学术人生系列丛书

总主编　陈博

中南财经政法大学学者学术人生：七秩金融　黉门春秋

主编　汪平　余明桂

武汉大学出版社
WUHAN UNIVERSITY PRESS

图书在版编目(CIP)数据

中南财经政法大学学者学术人生:七秩金融　黉门春秋/汪平,余明桂主编.—武汉: 武汉大学出版社,2021.12
中南财经政法大学学者学术人生系列丛书/陈博总主编
ISBN 978-7-307-22712-5

Ⅰ.中…　Ⅱ.①汪…　②余…　Ⅲ.中南财经政法大学—校史　Ⅳ.G649.286.31

中国版本图书馆 CIP 数据核字(2021)第 235575 号

责任编辑:沈继侠　　　责任校对:汪欣怡　　　版式设计:马　佳

出版发行: **武汉大学出版社**　(430072　武昌　珞珈山)
(电子邮箱: cbs22@ whu.edu.cn　网址: www.wdp. com.cn)
印刷:武汉邮科印务有限公司
开本:720×1000　1/16　印张:12.5　字数:201 千字　插页:2
版次:2021 年 12 月第 1 版　　2021 年 12 月第 1 次印刷
ISBN 978-7-307-22712-5　　定价:48.00 元

《中南财经政法大学学者学术人生系列丛书》编委会

本书编委会名单

主　编　汪　平　余明桂

编委会（按姓氏拼音排序）

胡宏兵　刘冬姣　李建华　李　沛　李志生

吕勇斌　宋清华　汪　平　向　敏　余明桂

张金林　张中华　朱新蓉

总　　序
让中南大学人获得应有的社会声誉

中南财经政法大学的前身是1948年由中共中央中原局创办的中原大学。尽管这是一所“在有限的时间里迅速地培养和造就一批革命知识分子，适应革命形势发展的需要”、为解放区“培养和造就”一批干部的短训班式革命大学，但后来的事实表明，它的人才培养成就远超预期。它的学员，绝大多数成为中华人民共和国经济社会建设的中坚力量；它的校长和教员，是中华人民共和国人文社会科学研究事业的奠基者。

首任校长范文澜先生，是我们党内最重要的马克思主义历史学家之一。第二任校长潘梓年先生，在解放之初，不仅是湖北文化教育的领导人，后来更主持筹建中国科学院社会科学部和哲学研究所，任中国科学院哲学社会科学部副主任，兼哲学研究所首任所长。也就是说，潘梓年先生是今天中国社会科学院的创建者、中国社会科学研究事业的奠基人。

中原大学后来的继承者之一是中南财经学院，其副院长李剑农教授，1957年与著名哲学家、武汉大学校长李达等人共同筹建中国科学院武汉哲学社会科学所（也就是后来的湖北社会科学院），并担任副所长，组建团队从事哲学社会科学研究。可见，李剑农教授是湖北社会科学院的创建者、湖北社会科学研究事业的奠基人。

国家和湖北的社会科学研究最高机构的创建者、国家和湖北的社会科学研究事业的奠基人，主要都出自中南财经政法大学，这种历史的荣耀，极为罕见。

在文化宣传战线，中原大学教员和学员同样是中华人民共和国的栋梁。潘梓年校长早年创建《新华日报》，有“中共第一报人”之称。学校筹备委员会委员张际春解放后担任过中共中央宣传部负责人，教员熊复担任过新华通讯社社长、中共中央宣传部副部长，领导党的新闻宣传事业；教员陈克寒、李普、张铁夫，学员冯健等都是党培养的新中国第一代优秀新闻工作者。此外，章开沅、郑小瑛、周韶华等新中国自己培养出来的第一代学术、艺术大师也是中原大学的学员。

很多师生校友常常和我说，社会对我校名家大师知之甚少。这似乎也是实情，就像潘梓年校长对我们党的新闻事业和哲学社会科学事业具有开拓之功，但研究者、传颂者很少提及其与中南财经政法大学的密切渊源；又像前述所提及，一所大学能够有如此多教员、学员成为党的宣传工作重要领导者，在兄弟高校并不多见，但社会似乎也很少提及其与中南财经政法大学的渊源。这种情况，在财经、政法战线同样存在。作为母校，学校对此确感遗憾。

中南财经政法大学70余年办学，犹如源远流长的一条大河，星汉灿烂，若出其里。学校每个学科发展史上，每个时代都有一大批学者，在本学科领域赫赫有名。像享誉国内外的著名会计学家郭道扬教授、入选全球知识产权50人的著名法学家吴汉东教授，等等。名家大师是中南大基业常青的根本所在。只是，他们当中的绝大多数在社会上鲜为人知。广大师生校友颇感遗憾，认为他们在社会上的声誉和他们的学术贡献很不相称，社会上也因此常常评价中南大是一所“低调”的著名大学。

“所谓大学，大师之谓也”；“所谓名校，师生校友之名也”。一所大学的社会声誉，无非在于其教师与在校或毕业之学生。正是拥有一代代名家大师，一批批优秀学生和杰出校友，中南财经政法大学才具有深厚的学科文化底蕴。“双一流”建设的评价体系中，学术声誉和社会影响力是重要的指标。如何将人文底蕴传播出去，转化成社会声誉，转化成助力学校发展的强大动力，提高“双一流”评价成绩，是摆在我们面前的一个重要课题。

校报主编陈博副编审，毕业于武汉大学新闻与传播学院，早年在南京、北京等地媒体从事新闻工作，2006年到校服务，一直在校报工作，开展对内对外宣传，将其所学和经验奉献给中南大新闻宣传事业，矢志不移地致力于提高学校、学者、学术、学生在社会上的声誉，为此他做了大量的辛勤工作，报道出一批学者、学生“明星”。近两年来，我在不同场合向青年教师演讲，还在《中国教育报》发表文章，提出“学者生命的高度在于学术、长度在于学生、宽度在于学科”，以鼓励他们找准方向，成为大学问家。陈博主编基于长期实践的思考和研究，补充认为，学者生命的长度，不仅在于学生继承学术思想，还在于舆论传播学者的思想和精神，得到庙堂的承认与江湖的流传，从而千古流芳。这个看法，从学术思想史来看，确乎如此，是颇有见地的。

难能可贵的是，陈博主编不仅在日常工作中奋力实践他的观点，还策划设计了“我的学术人生——中南大学者学术人生采访与社会传播”项目，申报学校学科统筹经费，获得评委一致同意。项目试图以丛书、新闻报道、融媒体传播等方式立体化、多样式、成体系地在社会上传播中南大学者的声誉，让更多中南大学人成功“破圈”，为社会知晓，成为中南大最耀眼的金字招牌。作为校长，我对此十分赞赏，并乐观其成。

遥想当年，中共中央中原局司令员刘伯承、政委邓小平、副司令员陈毅等老一辈无产阶级革命家在创办中原大学时明确提出，中原大学办学宗旨是走向人民需要的地方。70余年来，30余万师生校友始终不忘初心牢记使命，在人民需要的地方建功立业，为中华民族实现伟大复兴立下不朽功勋。我衷心期待，中南大学者学术人生采访与社会传播项目，能讲好中南大学者的精彩学术人生故事，讲好他们为人民做学问的故事。为人民做学问的学者，将永远活在人民心中。

是为序。

中南财经政法大学党委副书记、校长　杨灿明

序　　言

黄鹤楼下，白云悠悠。晓南湖畔，新木成林。一代代金融人，栉风沐雨，弦歌不辍，培育了一批批时代英才。中南财经政法大学金融学院是中华人民共和国最早的金融、投资人才培养基地之一。七十余年来，金融学院始终紧握时代脉搏，紧跟学校发展步伐，不断为国家和地方经济社会发展贡献智慧和力量。回望过去，学院从 1950 年中原大学金融系迎来第一届新生，到 1956 年创办基本建设财务与信用专业；从 2000 年组建保险系，到 2009 年组建金融工程系；从 2007 年金融学获批“国家重点学科”，到 2014 年荣获“全国教育系统先进集体”荣誉称号，再到 2019 年入选教育部“三全育人”综合改革试点院系。金融学院改革发展的每一步，都走得坚实有力。金融人的每一份努力，都深深镌刻在沉甸甸的“功劳簿”中。

追忆往昔，谭寿清、朱洋发、彭崇熙、卢石泉、周骏、张桂生、陈启中、雷仲篪、李念斋、赵宗仁等老一辈金融人筚路蓝缕，在研究上追求高质量、超前性，在实操上讲求高起点、实务性，形成了理论联系实际、学识贯通中西、勇于开拓创新的学风，具有鲜明的学术特色和理论风格，也为金融学科的发展注入了鲜明的时代底色。

进入新世纪，张中华教授、朱新蓉教授等带领金融学院师生攻坚克难，迎接挑战，将金融学科建设成为国家重点学科，将货币金融学、投资学等课程打造成国家级精品课程，使中南财经政法大学金融学科建设进入新阶段。面对来自国内外金融学科的激烈竞争，宋清华教授、何建华书记、江克宁书记等带领学院师生不断巩固提升金融学科地位，特别是在师资队伍建设和人才培养国际化方面取得了重要突破，金融学科获批国家级特色专业建设点、国家级专业综合改革试点、“金融学”核心课程教学团队成为国家级教学团队，学科排名稳居全国前列。现今，金融学院在总结和传承的基础上，主动迎接数字化浪潮带来的挑战，注重新文科建设和交叉学科建设，正着力打造金融科技、人工智能辅助量化投资、金融风险管理等的学科增长点。

《中南财经政法大学学者学术人生：七秩金融，黉门春秋》收录了18位知名专家学者的专访或回忆文稿，浓缩了一位位园丁治学为人的光辉人生。本书的采写，得到了张中华教授、朱新蓉教授、宋清华教授、刘冬姣教授、张东教授等的大力支持，在此表示深深谢意。非常感谢中南财经政法大学报主编陈博副编审将本书纳入其主持的“中南大学者学术人生的采访与社会传播”项目，并资助、组织本书顺利出版。由于写作水平的限制，本书难免有错漏，敬请读者斧正。由于种种因素，部分教授或因身体状况不佳，或已辞世，或家人无法找到，故没有能将为金融学院的建设发展作出卓越贡献的所有教授都采访到，是本书最大的遗憾。

谨以此书，向无数为中南财经政法大学金融学科呕心沥血的师生致敬！向广大关心中南财经政法大学金融学科发展的社会各界致敬！

中南财经政法大学金融学院

党委书记：汪平　院长：余明桂

2021年10月1日

目　　录

朱洋发教授：学科先驱者　院系肇始人 …… 1
周骏教授：学术泰斗　大家之道 …… 12
张桂生教授：低调动人的传奇 …… 27
汪福长副教授：书生意气长 …… 39
李念斋教授：信用学理论研究的先行者 …… 53
蒋振华副教授：心底无私天地宽 …… 64
雷仲篪教授：建筑经济学巨擘的治学报国情 …… 74
赵宗仁教授：半路出家的工程价格学先驱 …… 84
陈柏东教授：房地产学科的开拓者和建设者 …… 97
张中华教授：保持学者本色 …… 109
聂名华教授：越努力越幸运的人生哲学 …… 117
朱新蓉教授：掌舵十五年　做好平凡事 …… 127
宋清华教授：吉光片羽采撷忙 …… 136
张金林教授：金融工程学科的拓荒人 …… 145
李志生教授：聚一流师资，育一流人才，做一流研究，筑一流学科 …… 152
刘冬姣教授：保险教学与研究领域卓有成效的耕耘者 …… 160
郭曼如：学子们难忘的“郭老师” …… 171
李一芝：改革开放后中国第一位金融专业女硕士 …… 177

朱洋发教授：学科先驱者　院系肇始人

1953年，全国高等院系大调整，朱洋发教授主动请缨调入武汉中南财经学院，支援学科建设。朱洋发和全国各地支援金融系的同仁们，一起奋斗，从学科架构、人员培养、课程设置等诸多方面努力，最终从无到有，垒起了今天金融学院大厦的坚实地基。

朱洋发教授在中国金融业务创新理念上，具有突破性的成就，为进一步在国内率先创立了中国化、宽口径的银行信贷管理学教学体系，他先后出版了《银行信贷管理学》等多部教材，为金融学科的教材建设作出重大贡献。接着，朱洋发参与了由著名经济学家于光远教授主持的中国第一部经济学大辞典《中国经济大辞典》的编写，并任金融卷的副主编，这是对中国经济和金融业界具有提纲挈领式的全局视角工具书，为金融人才的培养打下了最权威的基础。

朱洋发教授对待教学一丝不苟，倡导启发式、实践性教学，对学生循循善诱，极为负责，深受学生好评。他的身上，具有中国老知识分子的气质，散发着独特的人格魅力。著名金融学家江其务教授是朱洋发教授的得意门生，他对朱洋发教授非常敬重，每次到武汉，他都要亲自看望恩师。

20世纪50年代初的一个秋日，广州火车站人头攒动，中山大学金融系年轻的教授朱洋发，同妻子正带着行李候车。他们举家即将奔赴近千公里之外的武汉。

花城广州时值最美时节，芭蕉正绿、木棉火红，妻子再一次劝说朱洋发：“不去不行吗？那边咱们什么亲戚朋友也没有，一个人也不认识，饮食水土都会不适应的。”朱洋发柔声对妻子说：“现在全国高等院系大调整，我主动请缨调入武汉中南财经学院，支援学科建设，这是国家建设和培养人才的需要，咱们之前追求进步，不就为了这个目标吗？可不能打退堂鼓哦。”

汽笛嘶鸣，列车开动，这对年轻的夫妻从此离开故乡，前往江城武汉开始了新的奋斗，一直到坚持到生命的尽头。

孤胆求学　追求进步

广东梅州，客家人之乡，物华天宝，人杰地灵。1919年，朱洋发出生于此。聪颖的他，在学习上颇具天赋，一路以优异的成绩完成小学、中学的课程。朱洋发打小就心仪清华大学土木工程专业，经历两次高考，如愿以偿被西南联大(清华大学)土木工程专业录取。

少年时期的朱洋发

抗战时期，西南联大远在云南昆明办学，沿途日寇占据要冲，土匪溃兵多如牛毛，山川阻隔不断，如何过去呢？幸好当时国民政府教育部有命令，凡执大学录取通知书报到的学子，可以免费搭乘运送军需的车船。朱洋发就拿着那份署有校长梅贻琦签名的通知书，沿途搭便车。结果，从广东去到云南，他走了两三个月都没到，因为日寇飞机时常炸毁道路，令路途中断，或者有时候搭错了车，要折返回来，耽误了太多时间。

青年时期的朱洋发

等到朱洋发来到昆明报到时，学校已经开学两个月了。朱洋发走进土木工程专业的课堂，想追上进度。但一步慢，步步慢，他向老师直言，完全听不懂。体恤学生的教务部门给他出了个方案：去全校的课堂中转转，能听懂哪门课就上哪个系。经过多次旁听，朱洋发发现，经济系的课，他一听就懂，而且颇有共鸣。最终他成为西南联大(北京大学)法商学院经济系的一名学生。

青年时期的朱洋发

西南联大学问气氛浓厚，风气更正。在“刚毅坚卓”的校训下，朱洋发的性格塑造得更加坚韧，追求也更加纯粹。纪念一二·九运动的集会上有他、聆听闻一多先生抨击独裁统治演讲的群体中有他，他和同学们呼喊着口号在校园、在昆明街头为“反侵略、反压迫、争民主”鼓与呼。大学四年，朱洋发一面努力学习知识，刻苦钻研，一面受进步思潮的影响，积极参加进步运动，并加入中国民主联盟。后来，朱洋发对子女说：“当时，各方面的进步力量都在争取青年学生，民盟的同志先行一步，发展我加入了他们的组织。”

朱洋发的青春岁月

1947年朱洋发大学毕业，同时他收到了国民政府财政部的录用通知。追求进步的朱洋发，不屑为这个腐败的政权服务，他返回故乡在广东南华大学，教书育人。他先后任讲师、副教授、教授、系主任、教务长等职。在1948年，他以29岁的年龄，晋升教授，成为经济学界最年轻的教授。随后，南华大学整体调整并入中山大学，朱洋发随之进入中山大学财经学院金融系。

中年时期的朱洋发

学科奠基　坚守初心

1952年，全国高校院系开始调整。一年后，中山大学财经学院奉命调整人员进入武汉中南财经学院金融专业。朱洋发主动报名，积极支持该项工作。最终，他和同事们一起来到了武汉。在决心书中，他说，“国家正值百业待兴，我们抓到了好机会，可以大显身手，教育报国”。

彼时，中南财经学院的金融学科，一片空白。朱洋发和全国各地支援金融系的同仁们，一起奋斗，从学科架构、人员培养、课程设置等诸多方面努力，最终从无到有，垒起了今天金融学院大厦的坚实地基。尤其是他和谭寿清教授和衷共济、精诚团结，为专业建设呕心沥血，受到了众多人的敬佩。在金融学科大事记中，是这么记载的：朱洋发是学校金融学科的创建者之一。

创业难，守业更难。随着时间的推移，很多从各地来支援学科建设的老师，都开始回流。当年和朱洋发一起从广东来的中山大学本专业的一批同事，最终只剩下朱洋发等几位老师在坚守。

“文化大革命”风暴来临，朱洋发被称为反动学术权威，受到红卫兵的冲击，尽管他没有什么派别，一心只做学问。妻子担心他的安全，决定回家乡避一避。朱洋发教授的女儿朱新蓉回忆说：“那天，父亲还装扮了一下，然后躲过熟人，到码头坐船，离开武汉，到广东亲戚家住了一段时间。”

随着中央政策的调整，全国上下复课复学，大学开始招收工农兵学员，老师们又可以上课了。朱洋发立刻从广东又回到了武汉。彼时，中南财院几起几落，几次被改名分拆，很多老师已经找不到归属感了，广东中山大学的同事多次劝朱洋发回去，但是他坚定不移地坚守在蛇山南麓的这一片天地里，保持淡定、从容的心态，坚持认真工作，写讲稿、教材、编书。是啊，他舍不得学校，舍不得学生，更舍不得金融系的点点滴滴。

到 1979 年，60 岁的朱洋发才终于放下教鞭，离开了一线教学岗位。不过，他依旧在科研领域不放松，继续发挥作用，为学校培养货币银行学专业的研究生，直到 70 周岁，方才真正退休。

理念突破　桃李满天

朱洋发教授的研究成果虽在数量上并不太多，但对教研的贡献却是重量级的。

我国的银行信贷，过去是窄口径，简称工商信贷。朱洋发认为，改革开放使经济和金融获得了前所未有的发展，要拓展宽口径的银行信贷业务，才能适应金融服务多样化经济发展的需求，这是他在中国金融业务创新理念上具有突破性的成就。为进一步在国内率先创立中国化、宽口径的银行信贷管理学教学体系，他先后出版了《银行信贷管理学》等多部教材，为金融学科的教材建设作出了重大贡献。

《经济大辞典——金融卷》

接着，朱洋发参与了由著名经济学家于光远教授主持的中国第一部经济学大辞典《中国经济大辞典》的编写，并任金融卷的副主编，这是对中国经济和金融业界具有提纲挈领式的全局视角工具书，为金融人才的培养打下了最权威的基础。朱洋发还代表学校成为中国钱币学会最早的常务理事。

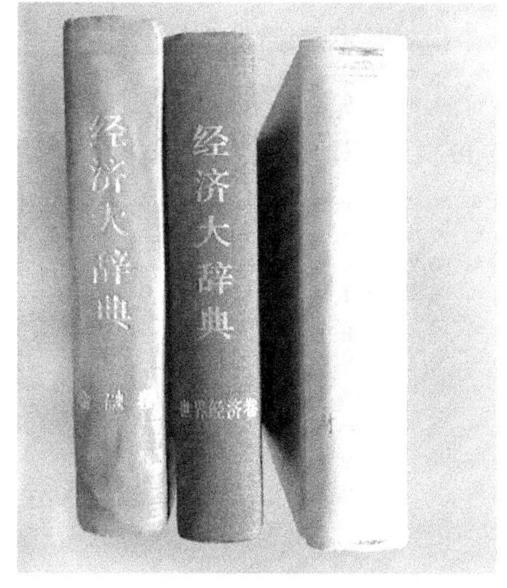

《经济大辞典》

中年时期的朱洋发

朱洋发在教学上一丝不苟，倡导启发式、实践性教学，对学生循循善诱，深受学生好评。朱新蓉回忆：“他一直在一线上，我们这一届 1979 级是上他课的最后一届本科学生，所以我跟我爸爸在一个课堂待过。只是他是老师，我是学生。我唯一享受的特权是，每次考试，他把我抓在一个地方关起来，让我先考，之后再让全班考，因为考过我之后，他就知道全班大致水平是怎样了，之后在教学上进行针对性的改进。他那年六十岁了，讲课的时候，声音高亢，感染力十足，一个上午根本都不带歇的。”

学生们也非常喜爱具有中国老知识分子气质的朱洋发教授。他讲授的课堂上有一位 1977 级学生为他作画一幅。在一次画展上，身着中山装、戴着帽子，胸前围巾环绕，风度翩翩，侃侃而谈的一副人物肖像画，吸引很多人驻足欣赏，这幅画很快被一位外国人以高价买走，令朱洋发的一批弟子懊恼不已，自责出手太慢。

朱洋发桃李满天下，旗下贤达不少。著名金融学家江其务教授就是朱洋发教授的得意门生，他对朱洋发教授非常敬重，每次到武汉，他都要亲自看望恩师。

情深亦寿　风范长存

尽管朱洋发教授已经仙去数年，但他美满的婚姻和家庭一直令人称羡。

朱洋发比妻子大10岁，他们是一对师生恋人。所以，在朱新蓉的眼中，“坚强的人不一定不温柔哦。我们的家庭是父亲照顾的，妈妈被父亲照顾得很好的，她在中山大学学习中文专业时，与父亲结缘，随父亲来武汉后，在湖北文艺杂志社做编辑，后来因为照顾孩子和家庭，调至湖北省图书馆工作，一位优秀的杂志编辑转行成为图书采编专家，只要父亲高兴，母亲干啥都乐意。”

爱之所至，情深亦寿，尽管耄耋之年，夫妻二人出门都是相互搀扶。金融学院宋清华教授曾说，师母看朱教授的眼神，那是一种极其爱慕的眼光和敬佩的眼光。

“母亲很努力、很积极地工作，爸爸因为不用坐班，照顾家庭时间多点，我们儿女们跟爸爸相处的时间还是蛮多。我就记得冬天爸爸把我抱在他的大棉袄里面，一边帮我取暖、一边奋笔书写的情景，无比温馨的感觉，永远难忘。后来，我自己做了母亲，我也常把女儿这样抱着备课，这也算是父亲对我潜移默化的影响吧。”

中年时期的朱洋发

朱家还有一个特别的家庭成员，是一位住家保姆。朱洋发不习惯湖北的饮食，有一次回老家探亲，得知这位保姆的情况，就把她从广东带到湖北。原来这位保姆在抗战时期，家里都被日军炸平了，儿女都失踪了。此后，她一直住在朱家，全家都不把她当外人，后来还为保姆养老送终。

朱洋发爱好体育锻炼，尤其是踢足球，晚年开始学太极拳，闲暇时在家，他就爱收拾花。他有三口缸，每个缸都有独特用处，个个擦得干干净净的，浇花的，喝水的，分门别类，绝不混用。有人揶揄说："老爷子，您这是用专业的管理来做家务啊。"

年纪虽越来越大，但他却坦然直面死亡。朱洋发对儿女说，我比你们的妈妈大 10 岁，可能我先走，你们一定要照顾好妈妈。朱新蓉含泪追忆："每次听到父亲说这些，我们都很难过。当那一天真的到来后，妈妈陷入巨大的悲痛中，她几乎天天以泪洗面，四年后也随父亲而去了。她其实身体非常好，没有了父亲，她丧失了活下去的信心。"

中年时期的朱洋发

朱洋发是非常典型的中国老知识分子的形象，他所接受的中国传统文化的教育使他从来不在外面随意发表观点，去臧否人事。但遇到关键时刻，需要他讲话的时候，他会表明其鲜明的立场。有一个学生，当时要做迥异于国家政策的一项研究，其他老师说作为学术研究可以，但朱洋发坚决不同意，他是很坚持原则的。

朱洋发照顾家人，帮助同事，不该管的事情，他从不打听。为人处世界限、标准、规则都非常清晰，什么东西能做，什么东西不能做，做到什么程度，他心中有数，游刃有余。

2009 年，朱洋发 90 岁生日那天，家人在侧，学生簇拥，宾朋满座，热闹非凡，他快活的像个顽童。不过，宴席过后，当人们问他想说点啥的时候，他对后辈们说的最多的是对“坚持”的理解：“人生有很多种选择，也会面临很多诱惑，虽然参与其中会让自己的人生更加丰富多彩，但对于某一项具体事业来讲，它是有影响和损失的。我认为要做好一件事情容易，坚持不懈地努力很难，要把每一件事情都当作人生追求的载体，最终会成就不平凡的事业。”

老年时期的朱洋发

周骏教授：学术泰斗　大家之道

周骏教授是中南财经政法大学金融学科的奠基者，也是金融学国家重点学科的主要创建者。他撰写的专著和教材在中华人民共和国金融学发展和金融人才培养中有着沉甸甸的分量。在中国金融学界，周骏教授享有崇高威望，与著名经济学家黄达，并称“北黄南周”。

在20世纪50年代初的中原大学时期，周骏教授被选派到中国人民大学研究生班学习。1953年9月，他回到学校，从事金融专业教学工作。周骏教授在货币政策与金融市场调控、马克思货币金融理论等方向的研究，卓有建树。他所教授的硕士研究生，超过24届；他所指导的博士生共18届。周骏教授从事金融学教育逾60年，从1953年秋季走上讲台，与金融学结下不解之缘。为了全心投入金融学教育事业，他放弃了一切行政职务，专心致力于培养金融学子，产出优质成果，在学界、政界、商界，他培养了朱新蓉、米建国、马明哲等一大批人才。

20世纪50年代，社会风气良好，国家经济建设取得了巨大成就，周骏教授坚定对马克思主义、社会主义、共产主义的信念，他意识到：人活着不能只为了自己，要为祖国的社会主义建设多作贡献。1953年中南六省的教学力量调整后，周骏所在的财政信贷系的主攻方向就是系统介绍马克思主义经济和金融理论，把苏联的货币金融理论中国化，在这方面周骏作为基层教员发挥了重要作用。周骏在货币流通理论、马克思主义货币金融理论、货币政策与金融调控、金融风险管理、资本市场等领域，均作出了重要原创性贡献。

周骏教授曾任中国金融学会常务理事、货币政策与金融调控研究会主任，湖北省人民政府咨询委员、武汉市人民政府咨询委员、湖北省金融学会副会长等职。2010年11月16日，周骏教授被中共湖北省委授予湖北首批“荆楚社科名家”并在会上接受省委领导颁发的证书。周骏教授的贡献不仅受到湖北省委的表彰，也得到了中国金融学界的高度赞誉。2012 年 4 月 21 日，“中国金融学科终身成就奖”颁奖典礼在中南财经政法大学举行，周骏获得这一金融学界的最高殊荣。与会专家高度肯定了周骏在金融学界的贡献，赞誉周骏是中国金融学科建设的重要推动者、中国金融宏观调控理论的主要开拓者、马克思货币金融理论的系统阐释者、中国金融教育事业的忠实践行者、中国金融改革与实践的积极参与者。

2020 年 8 月，年高德劭的金融名家周骏教授，撑着手杖，缓慢踱步在校园林荫中。

他刚刚接受完金融学院 70 周年院庆的专访。面对记者的赞誉，他说，自己虽然工作了 60 多年，取得了一点成绩，但离时代的要求还有差距。他表示，我国经济金融建设取得了巨大的成就，但是金融理论远远落后于金融实践。我们取得的成绩不仅在马克思的著作中找不到现成的榜样，在西方经济理论著作中也找不到现成的答案。因此，金融理论界的责任重大。

周骏

艰辛求学路

周骏于 1928 年出生，湖北沔阳人(今湖北仙桃市)。1938—1940 年在农村读私塾。当时，他已经具有小学五年级的水平了，学习的是《四书》《左传》，感悟的是“仁、义、礼、智、信”。他也会看古典侠义小说，如《三国演义》《水浒传》《岳飞传》等，明忠义，辨忠奸，晓人性。

1941—1943 年，周骏在当时汪伪政权统治下的汉口读书。1944 年上半年读了一个学期的高中。当时武汉被日军占领，美国飞机加紧了对武汉的轰炸，为了躲避战乱，1944 年下半年他又回到沔阳。1945 年抗战胜利后，周骏考入汉阳高中三年级，1947 年 10 月又考入私立中华大学。1949 年 5 月，武汉解放后不久，21 岁的周骏进入中原大学学习。

1951 年 8 月，他作为青年教师培养对象被派往中国人民大学研究生班学习。两年后的 1953 年 7 月，他学成回校，任教杏坛，再未离开。

周骏的求学之路

在中国人民大学研究生班学习期间，周骏较为系统地接受了马克思列宁主义的教育，精读了马克思、恩格斯、列宁的经济著作。当时给他们讲课的主要是苏联老师。20 世纪 50 年代，社会风气良好，国家经济建设取得了巨大成就，坚定了他对马克思主义、社会主义、共产主义的信念，也使他意识到：人活着不能只为了自己，要为祖国的社会主义建设多作贡献。

1953 年中南六省的教学力量调整后，周骏所在的财政信贷系的主攻方向是系统介绍马克思主义经济和金融理论，把苏联的货币金融理论中国化，在这方面周骏作为基层教员发挥了重要作用。他带领学生开展生产实习，那时候条件比较艰苦，经常是工作到哪里，就吃住在哪里，住不开，就打地铺。通过实践慢慢熟悉、掌握中国经济金融的具体情况。

20 世纪 50—60 年代，周骏开始在报刊上发表文章，对金融学科领域的一些问题发表观点。从“文化大革命”爆发至 20 世纪 80 年代，他和众多学者一样，教学研究遭受重大影响。80 年代后，他才重新开始较为系统地写文、著书。在其后短短 20 年间，周骏教授探索创立了中国金融理论体系，取得了丰硕的学术成果。

探索金融新路标

周骏在货币流通理论、马克思主义货币金融理论、货币政策与金融调控、金融风险管理、资本市场等领域，均作出了重要原创性贡献。

20 世纪 50—60 年代，国家完成了社会主义改造，建立了社会主义计划经济体制。在这种体制下，货币是否是商品的一般等价形式，政府供应货币是否要遵循货币需要量规律，在当时，人们对此的认识并不是一致的。周骏提出，社会主义制度下，货币本质有特殊性，但又有一般性，它仍然是商品的一般等价形式，而不是“劳动券”或“计划工具”。根据当时商品紧缺的实际情况，他提出要根据货币需要量这一客观规律供应货币，即根据商品交易规模和货币流通速度两个因素来计算货币需要量，政府应根据客观需要来供应货币。

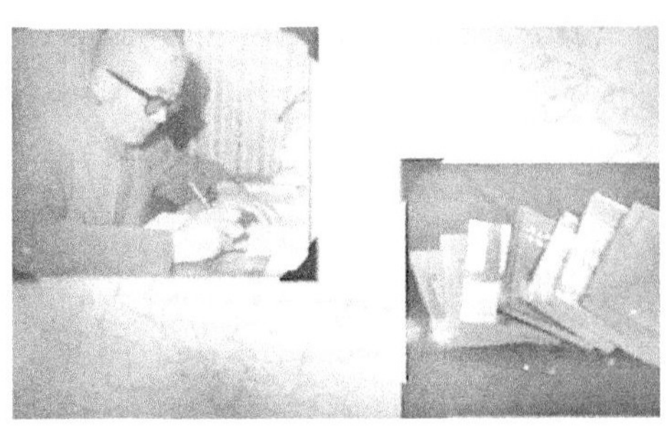

周骏的代表性著作和相关报道

20 世纪 80 年代初，中国金融业开始酝酿改革。周骏主张：我国货币政策最终目标的选择应该是稳定币值和发展经济双重目标；既要防止通胀，又要防止通缩；货币供应量既要满足作为交易媒介的货币需求，又要满足作为资产的货币需求。这一切都根源于中国的现实情况：人口众多、人均 GDP 还比较低，国内市场有很大的潜力。

周骏在金融体制改革系统主张中，有一个中心，即如何加强银行的宏观调控作用：建立“二元银行体制”，即区分中央银行和商业银行，中国人民银行要独立行使中央银行职能，区分宏观调控的主体与客体；发展多渠道多种形式融资业务，推动多种金融机构如股份制商业银行、信托公司等的发展，也就是规范宏观调控的具体对象；划分货币供应量的层次，也就是确立宏观调控的标的。这为后来中国银行体系的构建起到了提纲挈领的作用。

如何处理好货币政策与经济增长之间的关系，是困扰多年的难题。20 世纪 80 年代末 90 年代初，周骏系统地发表了自己的见解。他认为，要实行高速经济增长，就必定会有一定的通货膨胀，但通货膨胀率不能太高，否则就会给人民群众带来生活的不安定、对政府的不信任等不良社会影响。他提出，只要经济增长率高于通货膨胀率、居民收入增长率高于通货膨胀率，社会就能保持安定，经济也能得到增长。

随着改革的深化，少部分人逐渐提出了如何看待新形势下马克思主义在中国的适应性问题。1989 年，周骏教授出版了《马克思货币金融理论与四化建设》一书，这是我国第一部系统介绍马克思的货币金融理论，并以马克思的货币金融理论的基本原理为指导，研究中国金融体制改革和金融工作的专著，有较高的理论价值与实际意义。

1997 年，东南亚金融危机爆发，通货紧缩风险加大。如何看待当时的经济形势，采取正确的对策，是一个十分重要的问题，但人们对此问题的认识并不一致。周骏教授提出了不应再继续实施适度从紧的财政政策与货币政策，货币政策应松紧适度。同时，应加大财政干预经济的力度，通过发行国债进行基础设施建设以拉动经济增长。这些政策主张，与 1998 年下半年中央开始实施的政策高度一致。

从2002年开始，周骏带领中南财经政法大学金融学院的研究团队，持续推动每年一部《中国金融与投资发展报告》的编写，为决策层提供了很多有益的政策建议。周骏教授从宏观上高屋建瓴地提出了资源配置“两只手”配合论，即社会经济的发展必须优化资源配置，而优化资源的配置，既要市场调节的“无形的手”，又要政府计划的“有形的手”，只有这样，才能有效率地利用资源，最大限度地增进人民福利。

2008年，美国次贷危机演化为全球金融危机。周骏教授高度关注中国面临的国内外经济金融形势和可能实施的宏观政策。他认为，受国际金融危机影响，中国经济面临一些暂时性困难。但也要看到，就人均GDP的增长潜力来看，中国的工业化、城市化、国际化过程尚未结束，中国至少还有20年高速增长期。因此，尽管暂时受到国际金融危机的不利影响，但中国未来经济发展的前景还是向好的。

醉心金融教育

周骏教授从事金融学教育逾60年，从1953年秋季走上讲台，与金融学结下不解之缘。为了全心投入金融学教育事业，他放弃了一切行政职务，专心致力于培养金融学子，产出优质成果。

从1978年开始，周骏教授担任硕士研究生导师。1986年，周骏教授晋升为博士生导师。在研究生培养工作中，他认为本科看学校，硕士看专业，博士看导师。研究生的求学心态要端正，不能“坐直升机”，要一步一个台阶地刻苦攻读。在选拔优秀生源时，周骏不但注重学生的考试成绩是否合格，而且也注重学生的研究成果发表情况及其培养前途。2008年起，他虽然不再指导研究生，但仍坚持给学生开讲座。

周骏教授曾寄语莘莘学子：人类进入共产主义社会的形式与道路多样，要勇于探索；马克思主义是科学，是真理，不是宗教信仰。宗教信仰是绝对的，科学的信仰是要发展的，时代在不断进步，思想也要与时俱进，希望学子们继承发展马克思主义；中华民族是一个吃苦耐劳的民族，先辈们即使饿着肚子，也不动摇，不抱怨，实实在在地为国家作贡献，愿后辈们比前辈们干得更好！

周骏的育人生涯

中南财经大学金融9201毕业留念　96.5

中南财经大学国际金融九一级毕业留念

周骏与学子们

周骏教授是中南财经政法大学金融学科的奠基者，也是金融学国家重点学科的主要创建者。他撰写的专著和教材在国家金融学发展和金融人才培养中有着沉甸甸的分量。

1983 年，他独纂的《社会主义货币银行学》问世，该书首次建立了将货币、信用、银行等融为一体的新的学科体系。该教材于 1988 年获财政部优秀教材二等奖。《马克思的货币金融理论与四化建设》先后获第四届中国图书奖二等奖、第二届普通高等学校优秀教材奖、第二届全国高等学校金融类优秀教材一等奖。他主编的《货币银行学》(中国金融出版社出版) 入选国家教委推荐教材和普通高等教育“十一五”国家级规划教材，同时也是国家级精品课程教材，在国内高校金融类专业得到广泛使用。2011 年，他还担任了 50 多万字的《货币银行学》(第三版) 的主编，并亲撰了其中约 7 万字。

周骏教授的一大批优秀学生活跃在新中国的经济金融领域，成为政府部门、各类金融机构和科研院所中的佼佼者。

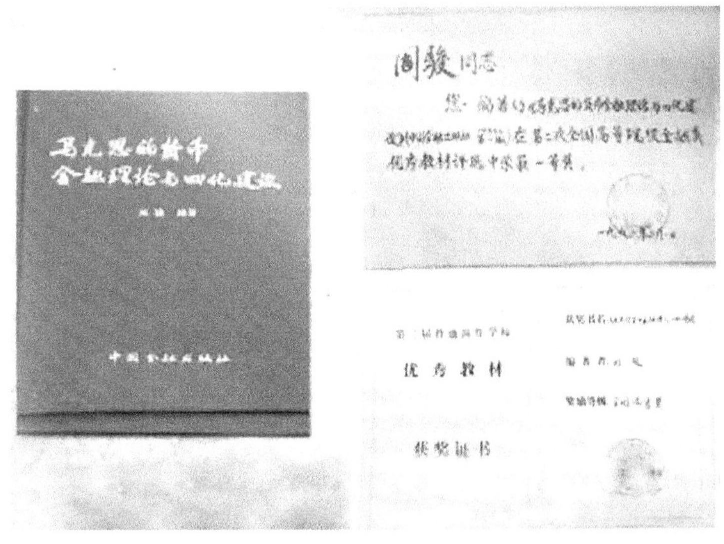

《马克思的货币金融理论与四化建设》及获奖证书

览万千经像　硕果累累

周骏教授曾任中国金融学会常务理事、货币政策与金融调控研究会主任，湖北省人民政府咨询委员、武汉市人民政府咨询委员、湖北省金融学会副会长等职，1992年开始享受国务院特殊津贴。

周骏出席会议

2003年11月7日，《周骏选集》首发式在中南财经政法大学学术报告厅举行，首发式云集了赵海宽、江其务、曾康霖、张亦春、曹龙骐、李健、陈野华、王爱俭、陈雨露、张杰、郑振龙、杨胜刚、魏华林、黄宪、徐长生等国内著名金融学专家、学者，米建国、关国亮、孙兵、郑先炳、陈剖建等知名校友，以及周骏教授的30余位博士后和博士生，群贤毕至，老少咸集，成为金融学界的一次学术盛会。

2009年9月，《中国金融》杂志特约采访了周骏教授，并将其作为封面人物，刊发了封面文章。

2010年11月16日上午，湖北省社会科学工作大会在武昌东湖宾馆梅岭礼堂隆重召开。大会表彰了首批13名“荆楚社科名家”，这是湖北省社会科学界的一项盛事，也是湖北省社会科学界的最高学术荣誉。周骏教授被中共湖北省委授予湖北首批“荆楚社科名家”并在会上接受省委领导颁发的证书。

周骏被授予湖北省首批“荆楚社科名家”荣誉称号

周骏教授的贡献不仅受到湖北省委的表彰，也得到了中国金融学界的高度赞誉。2012 年 4 月 21 日，“中国金融学科终身成就奖”颁奖典礼在中南财经政法大学举行，周骏获得这一金融学界的最高殊荣。与会专家高度肯定了周骏在金融学界的贡献，赞誉周骏是中国金融学科建设的重要推动者，中国金融宏观调控理论的主要开拓者，马克思货币金融理论的系统阐释者，中国金融教育事业的忠实践行者，中国金融改革与实践的积极参与者。

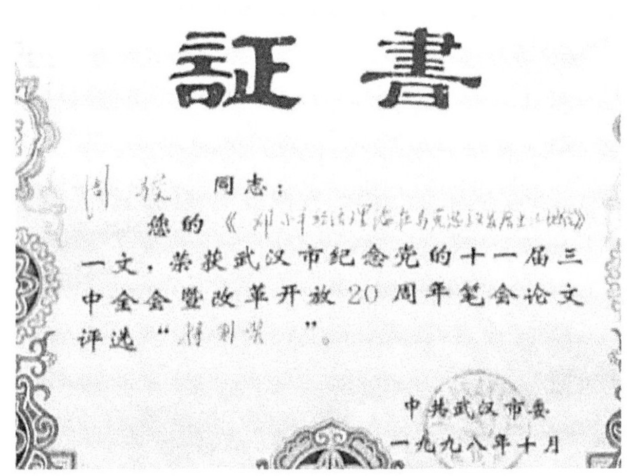

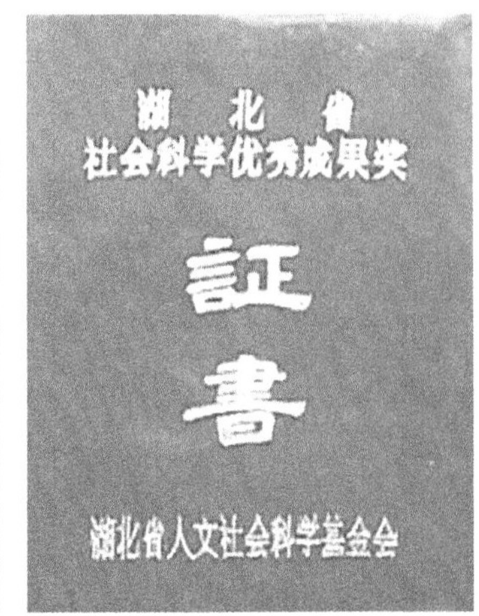

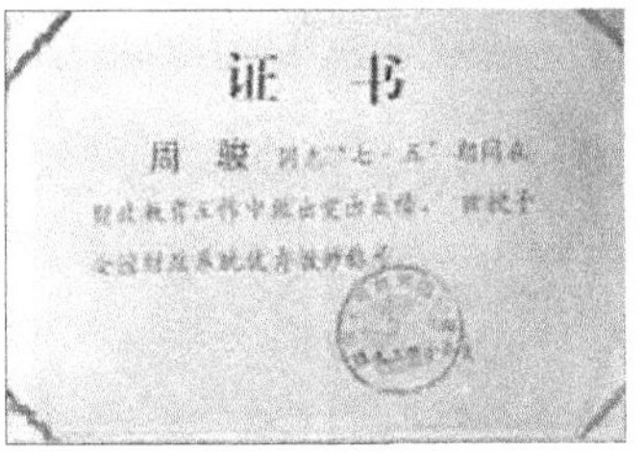

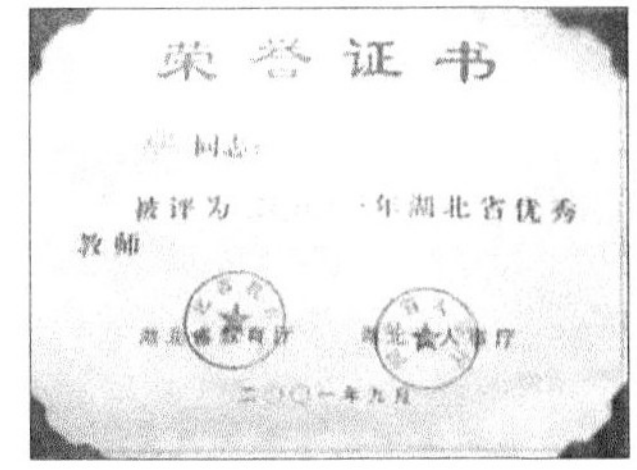

周骏的获奖证书

虽是学界公认的著名金融学家，但周先生对师生校友说：“不要给我冠以‘著名金融学家’这样的词语。我只是一辈子学金融、教金融、研究金融而已。”

勤奋治学与踏实做人

周骏教授总结自己在金融研究事业和金融教育事业的成功之路时，认为主要有两个重点：一是珍惜时间，刻苦学习。周骏教授从事教学工作 60 余年来，几乎没有节假日，平时也不看电影，不逛公园。二是深入社会，联系实际。培养自然科学家要进入实验室，培养社会科学家要进入社会，不了解社会的人不可能成为真正的社会科学家。周骏教授每年都要花不少时间带学生参加劳动、生产实践，参加社会政治活动，自己也会花一定时间参加实践工作。

他说，下基层很辛苦，但也有两大收获：一是到工厂、农村参加劳动，当看到许多工人、农民比自己累，收入却比自己少时，就觉得自己不应该在生活上有更多的要求，应该好好工作，为工农服务。二是经常参加实践，了解实际，锻炼了运用所学理论分析实际问题的能力。知识分子确实要与工农结合，不应该成为“精神贵族”。

周骏教授认为教师要教好书的关键：一是对自己讲授的内容要真正懂，自己不懂的东西没法让学生懂。要弄懂一个问题，仅看一本书，仅知一家之言，没有比较、鉴别就无法把问题弄透弄深。二是熟练，熟能生巧。要懂要熟，关键在于刻苦学习，认真思考，而不是靠什么技巧、方法。由于周骏教授在教学、科研中的杰出表现，因此有些年轻人请他介绍“方法”，他往往会说：“人家在玩、在闲聊的时候，你在学习，这就是做学问最基本的方法。”“别人在看电视的时候，你在看书；人家在玩你不玩，人家不学习你学习，当然你的成果就会多一点。”“做学问就是靠下工夫，没有什么窍门的。”

“勤勤恳恳做事，踏踏实实做人”，既是周骏教授的信仰，也是他的真实写照。他注意学习和研究儒家经典著作，形成了对儒家思想的系统看法，并以此教育学生。周骏教授经常教育学生，“一个人要做事，先要做人”，“人活着，就应为国家和社会做点有益的事情”，“得意不要忘形，失意不要丧志”，激励着后辈努力前行。

采访结束时，周骏教授一如既往地寄语年轻一代：要挺起腰杆，相信自己！照搬西方理论不能解决我们自己的问题，应该形成中国自己的经济金融理论体系，完成老一辈人未竟的事业。

耄耋之年的周骏

张桂生教授：低调动人的传奇

张桂生教授，1953年9月开始在中南财经学院从事教学工作，成为该学科的中坚力量。1958年，学校创办了实验银行，张桂生成为负责人，这个实验银行主要是模拟银行运行，让师生得以在实践中体悟金融和货币的奥秘。这为张桂生在后来学术方面的治学严谨，实事求是，不迷信权威打下了基础。1982年他被评为副教授，1987年晋升为教授。学术兼职主要有：湖北省金融学会理事、湖北省农村金融学会理事、湖北省会计学会理事、武汉市金融学会副会长、常务理事、学术顾问等。

在张桂生的学术成果中，首要是探索金融体制改革及发挥银行信贷调节作用，其次是驳斥“通货膨胀论”，这两者都事关人民福祉。尤其在20世纪八九十年代，他撰文从理论和现实两方面系统地驳斥了“通货膨胀有益论”和“慢性通货膨胀论”，并结合持续、快速、健康发展国民经济和“改革、发展、稳定”的方针，提出并论证了及时“微调”防止通货膨胀的发生和发展，为国家政策调整作出了智力支撑。

近50年的教学工作大体可分为两个阶段：1953—1985年，主要在本科、专修科、函授和干训班担任教学工作，曾讲授过《银行信贷管理学》《银行业务》《货币流通管理》《银行会计学》《银行审计》等课程，还参与了实验银行的组建和领导工作；1985—1999年，主要从事金融学专业硕士研究生的教学和论文指导工作，在此期间还兼任教研室主任、金融学专业硕士研究生导师组组长，还为金融学专业博士研究生讲授金融管理专题研究。在给学生传授知识的同时，强调品德修养，深得学生好评，教学效果良好，师生关系融洽。学术研究方面，张桂生教授治学严谨，实事求是，不迷信权威。

七秩金融之际，张曙在整理父亲张桂生教授生前遗留的一摞摞泛黄的资料时，感受到了父亲那一代金融人的平凡与伟大。

用张桂生教授刚考上 MBA 的孙子的话来说，那就是："小时候没有太深刻的体会。现在，每当回顾爷爷的光辉一生所取得的巨大成就，感觉后辈们真是差太远了。"

是的，斯人已去，低调的张桂生教授留下的，是一段动人的传奇。

青年时期的张桂生

活着就要多读书

张桂生给人的印象是和蔼可亲、行事低调。在儿子张曙的回忆中，父亲从小就没动手打过孩子，他总是心平气和地跟孩子们讲道理。在那个"棍棒底下出孝子"的时代，父亲算是另类。而且，他也从不与人争执。如果与人理念不合，说服不了对方，他也不会强求。

张家的家训是要求儿孙多读书，张桂生的父亲是这样要求他的，待到张桂生成为父亲后，他也用这个“祖训”来要求张曙兄弟俩。

儿子张曙出生于1955年，在他大量汲取知识营养的时候，碰上了“停课闹革命”，一停多年。见儿子每天玩得不亦乐乎，张桂生总是对儿子说：“你还是要多学知识啊，将来你有蛮多机会去玩的，你现在不要光想去玩，要学习啊，孩子。”

张桂生留下了很多照片，他本人离休后也酷爱摄影，但不管是合照或是独照，都显得谦卑。唯独他在书房的留影，潇洒帅气，气韵十足。张桂生曾对孩子说：“我只有在书的海洋里，可能最为自由。”

张桂生的摄影作品

一个人就是一段历史

回到老家的张桂生，考取了河南省高等商业专科学校会计专业，1949 年 6 月毕业。恰逢老家解放，深感学识不足的张桂生进入中共中央中原局筹办的中原大学继续学习。

“我父亲一生最骄傲的，是他有两张毕业证。一张是中原大学 1949 年 12 月 5 日颁发的学区分队毕业证，这标志他走上了革命的道路；另一张是中原大学 1950 年 9 月 1 日颁发的财经学院金融系毕业证，这算得上是见证金融院系最早的历史资料了。”张曙回忆说。

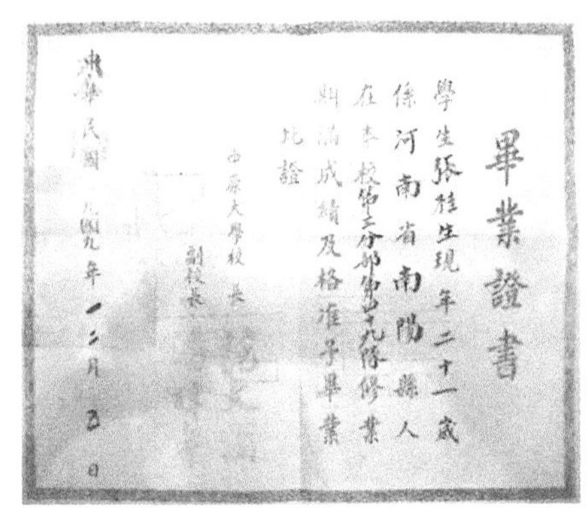
畢業證書
學生張桂生現年二十一歲
係河南省南陽縣人
在本校第三分部第[illegible]隊修業
期滿成績及格准予畢業
此證
中原大學校 長
副校長
中華民國 一九四九年 一二月 五日

畢業證書
學生張桂生現年二十二歲
係河南省南陽縣人在
本校財經學院金融系
修業期滿成績及格准予
畢業此證
中原大學校 長 范文瀾
副校長 潘梓年
院 長
一九五零年九月一日

张桂生的毕业证书

当时的师资力量赶不上时代的需要，1951 年 8 月，张桂生作为第二批青年教师代表之一被派往中国人民大学研究生班学习。1953 年 1 月，他从中国人民大学学成回校，开始授课，同时进入教研室，成为该学科的中坚力量。

金融学院的院史中，是这样记载张桂生近 50 年诲人不倦的教育生涯的：1953—1985 年，张桂生主要在本科、专修科、函授和干训班担任教学工作，讲授过银行信贷管理学、银行业务、货币流通管理、银行会计学、银行审计等课程；1985—1999 年，张桂生主要从事金融学专业硕士研究生的教学和论文指导工作，在此期间还兼任教研室主任、金融学专业硕士研究生导师组组长，还为金融学专业博士研究生讲授金融管理专题研究。在给学生传授知识的同时，他强调品德修养，深得学生好评，教学效果良好，师生关系融洽。

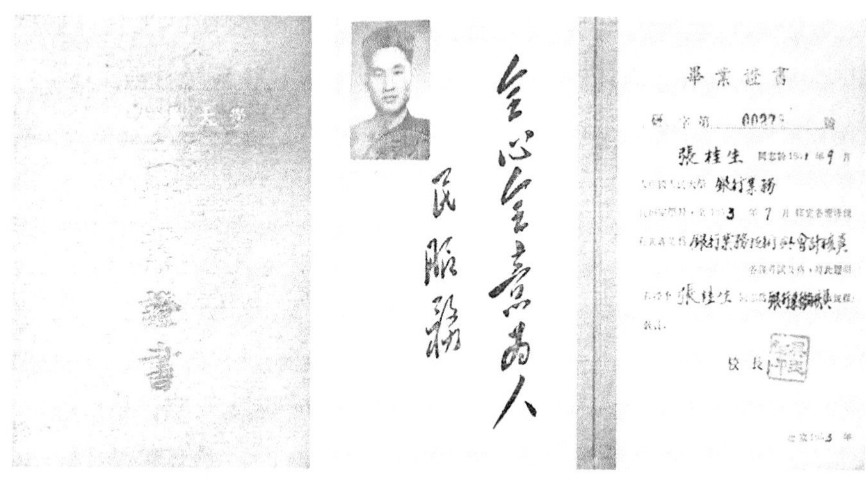

张桂生的毕业证书

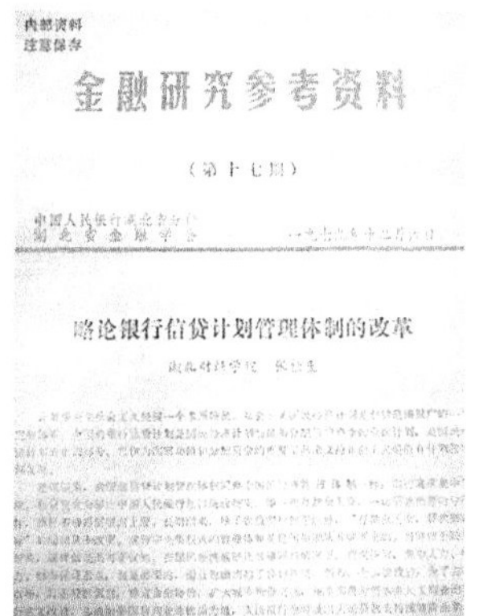

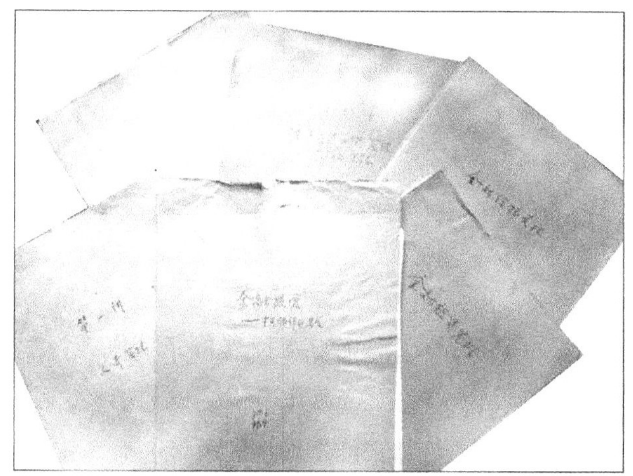

张桂生的著作及笔记

张曙总结道："我父亲的授课风格，就是不仅讲明这门课的基本理论和历史发展沿革，同时还探索全新理论体制改革的新内容，让学生既能鉴古知今，也能活学活用。"

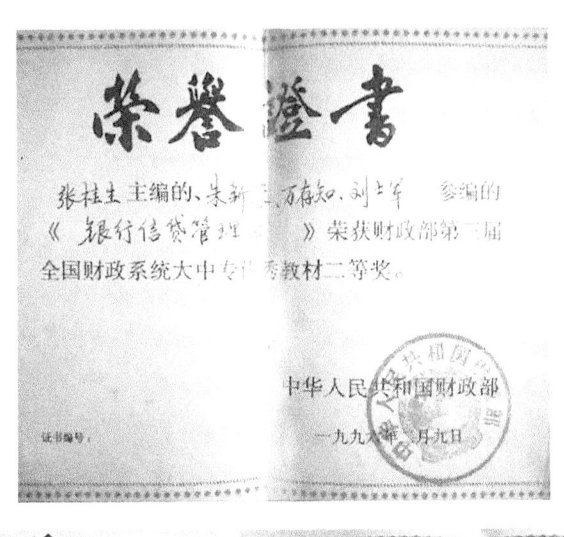

荣誉证书

张桂生主编的、朱新蓉、万存知、刘□军 参编的《银行信贷管理学》荣获财政部第二届全国财政系统大中专优秀教材二等奖。

中华人民共和国财政部

一九九六年 月九日

证书编号：

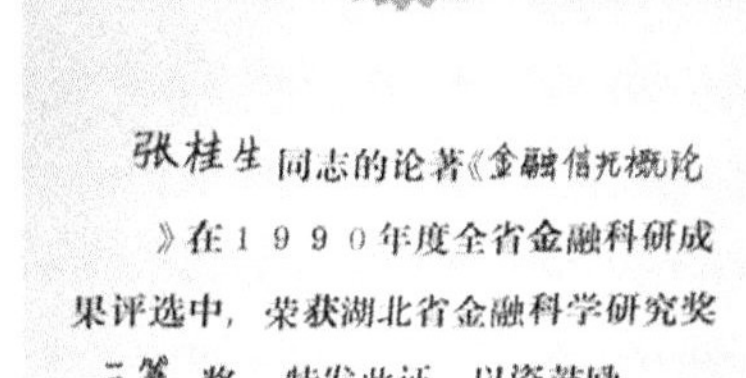

张桂生同志的论著《金融信托概论》在1990年度全省金融科研成果评选中，荣获湖北省金融科学研究奖二等奖，特发此证，以资鼓励。

湖北省金融学会

1990年12月

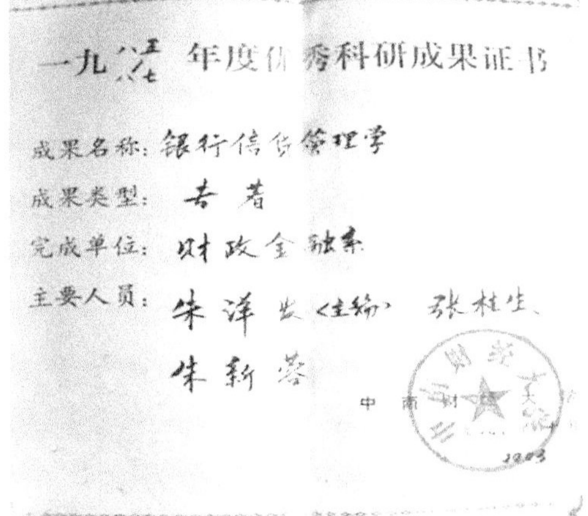

年度优秀科研成果证书

成果名称：银行信贷管理学

成果类型：专著

完成单位：财政金融系

主要人员：朱洋生（主编） 张桂生、朱新蓉

张桂生的荣誉证书

有一位硕士毕业生在他的论文后记中这样评价张桂生："这篇论文是我三年学习生活的一个见证和总结。本文几经修改，大到框架结构，小到遣词造句甚至标点符号，无一不凝聚着我的导师张桂生教授的大量心血。张桂生教授严谨的治学态度和敬业乐业的师德风范也深深感染了我，是我终生受益的财富。"

张桂生参与的学术讨论

张桂生与同事和学子

张桂生很少情绪激动，在儿子张曙的记忆中，父亲唯一一次激动，是为一名其他博导指导的博士生。当时，作为论文答辩组的一员，张桂生听说了一件事，就是这位博士生课程已结业了，但在写论文的时候，他想放弃，因为他工作太忙了。张桂生觉得这样非常可惜，他就专门联系了这位学生，鼓励他要争取把这个博士学位论文答辩通过。他先是动员学生，学生同意以后，他又和学校的方方面面沟通，进行延期处理，最后这位博士研究生完成了答辩，顺利取得了博士学位。

做个坚持“自己学术观点”的学者

1958年，学校创办了实验银行，张桂生成为负责人，这个实验银行主要是模拟银行运行，让师生得以在实践中体悟金融和货币的奥秘。这为张桂生在后来学术方面的治学严谨，实事求是，不迷信权威打下了基础。

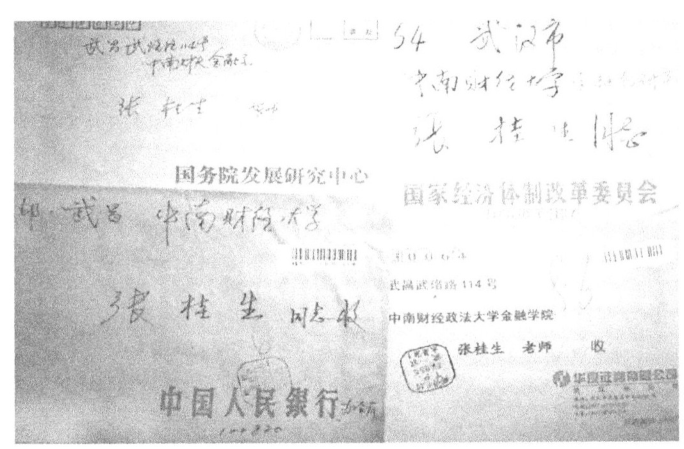

张桂生的往来信件

张曙说，在学术上，父亲坚持自己的观点，不受其他人影响。他表达自己想法的时候，态度很和缓，但是还是坚持自己的原则。

在张桂生的学术成果中，首要是探索金融体制改革及发挥银行信贷调节作用，其次是驳斥“通货膨胀论”，这两者都事关人民福祉。尤其在20世纪八九十年代，他撰文从理论和现实两方面系统地驳斥了“通货膨胀有益论”和“慢性通货膨胀论”，并结合持续、快速、健康发展国民经济和“改革、发展、稳定”的方针，提出并论证了及时“微调”防止通货膨胀的发生和发展，为国家政策调整作出了智力支撑。

厂长经理日报

The Director and Manag…

如何对待通货膨胀

张桂生的文章

“他当时这么做，肯定会招到一定质疑的，毕竟是与大环境相悖的，但我父亲还是坚持。毕竟，他深受党的金融理念的影响，坚持自己的学术观点，若能起到为民发声的作用是好事啊。”张曙回忆。

1993 年，为纪念毛泽东同志诞辰 100 周年，张桂生撰写了学习毛泽东金融思想的文章，“父亲说，他的一生命运的改变，就是中国共产党将他招进了中原大学的那天。他一辈子感念共产党的恩情”。

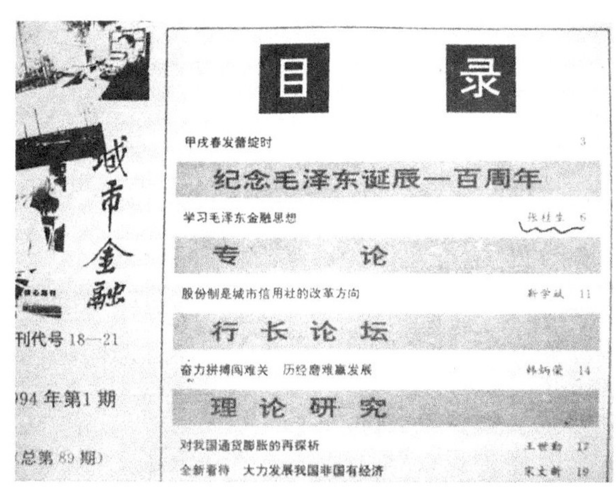
城市金融

刊代号 18—21

…94 年第1 期

（总第 89 期）

目 录

甲戌春发番旋时 3

纪念毛泽东诞辰一百周年

学习毛泽东金融思想 张桂生 6

专 论

股份制是城市信用社的改革方向 11

行 长 论 坛

奋力拼搏闯难关 历经磨难赢发展 14

理 论 研 究

对我国通货膨胀的再探析 17

全新看待 大力发展我国非国有经济 19

张桂生的文章

张桂生一直积极要求入党，“文化大革命”结束后，终于如愿以偿，这令他倍感欣慰。在当时，民主党派也曾积极与他接洽，但他还是坚定自己的信念，他说“我还是想积极向党组织靠拢”！

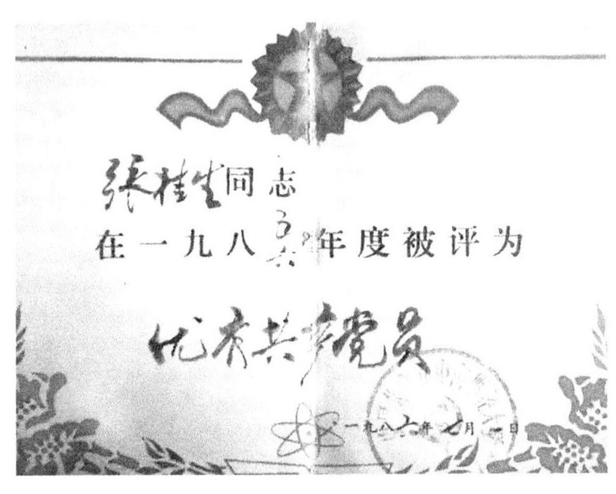

“优秀共产党员”证书

自从创立金融系开始，张桂生就没有离开过学院半步。哪怕是“文化大革命”中，他也作为留守人员，守护着学校的一草一木。1984 年，中国农业银行在武汉办了一所培训学院，急需一位主管教学的副院长，农行领导三次到张桂生家邀请他去入职。张桂生说了一句话，就婉拒了，他说：“我对这个学校是有感情的。”

独特风采慰后人

张桂生和夫人，是包办婚姻，两人携手走过人生的风风雨雨。

儿子张曙说，“父亲在家里的形象，总是两个场景：一个是每天晚上钻入自己的小书房，在那个逼仄的环境里，备课、做研究，任凭外面刮风下雨，他也不管；另一个则是他每天 10 点左右，利用教课中间休息的间隙，匆匆忙忙赶回家，将饭煮起来，而后他再回到教室去授课，等到 11 点半后，他再次回到家中，开始炒菜。因为，这个时候，我放学回来了，要吃饭了。那我母亲为什么不做饭呢？因为她当时在服务行业，中午是不能回家休息的，我父亲十分体谅母亲的工作性质，自己能做多少就做多少。”

张桂生体谅体弱多病的妻子，一直照顾着她。等到20世纪80年代后，妻子提前从单位退休回到家中，就开始反哺家庭了。

“从80年代开始，我母亲开始搞好家里的后勤，不再让父亲操心，父亲得以心无旁骛地开始从事理论研究。你看，我父亲的科研成果，都是从那个时候开始的。”

爱一个人就是怜惜对方。张桂生教授和夫人的这段相互照顾的经历，成为儿女们心中的一段难忘佳话。

对于下一辈的教育，张桂生除了让他们多读书外，更多的是以润物细无声的方式滋养着孩子们的心灵。少年时期，张曙兄弟二人被张桂生带着去东湖的广阔水域游泳，这段较长的路程，他不坐交通工具，只是带着孩子们步行，在他看来，这是锻炼孩子坚韧和毅力的最好方式之一。

张桂生与家人

父母恩爱，教育得当，张家这个小家庭度过了岁月的蚀刻与洗礼，其乐融融。晚年，张桂生教授的夫人与小儿子先后离开了他，他本人也患上疾病，不太认得人了。张曙承担起了照顾患病父亲的重任。“我从来没有抱怨，在父亲发病到去世的四年多时间里，我尽了一个儿子该有的本分。爱和孝，这是父亲传给我的东西。我们要传承下去。”张曙说。

张曙整理着父亲遗留下来的文件、书籍、证书，他说，自己最后悔的是没有继承父亲的衣钵。但好在，自己的孩子还在努力，希望他能走上学术的道路。

张桂生的荣誉证书

整理完毕的资料，最上层放着的是张桂生教授在书房中的个人照，照片中的他，与书恍然融为一体，正低眉微笑。

耄耋之年的张桂生

汪福长副教授：书生意气长

1960年，汪福长副教授从湖北当阳考入湖北大学财政金融系（金融学院前身），1979—1997年，任中南财经大学金融系教员。研究方向为货币银行学和证券市场学，学术专长为信用、利率、股票、国债等相关理论。

汪福长副教授的科研，一直离不开时代的主题，同时又具有超前性。20世纪80年代中期，汪福长的研究集中在储蓄、通货、利率和货币流通等方面，对当时的储蓄现状和特点，判断货币流通是否正常的标志，如何理解通货、利率单位以及利率调整方案等问题都提出了自己的见解。他较早就开始了对股份制的研究，表达了他对股息、股份公司等问题的看法。20世纪80年代末至90年代初，汪福长的利息、利率理论在这一时期得到了进一步的完善与发展。同时，他对于股票和证券市场也进行了更加深入的研究与思考。20世纪90年代初，汪福长开始将研究重心置于国债问题。他在《论国债利率设计》一文中提出了我国国债期限特点和设计原则，认为应增发短期国债，试办长期国债，调整中期国债。1997年3月，《论国债利率设计》一文在由财政部国债司、上海证交所、中国证券报主办，上海点津投资顾问公司协办的"点津杯"国债有奖征文活动中荣获三等奖，后选入大型教育工具书《中国教育大辞典》丛书中。

回忆起丈夫汪福长副教授的点点滴滴，李德凤记得最深的，便是"敲门游戏"。

下班后，她轻手轻脚地来到家门口，开始敲门，一边敲一边用俏皮的音调向门里大声问："汪老师在家吗？有美女来拜访哟，快开门啊。哈哈哈哈。"接着，脸上透着几许无奈又几许宠爱神情的汪福长打开门，将她让进屋内，然后，转身走进书房，继续看书。

"为什么这么敲门呢？因为他成天看书写稿子，大脑有点太沉迷了，我得想办法把他拉出来一下，调节下他的思维，放松下他的心情。”李德凤说。

如今，汪家书房的灯依旧亮着，陈设一如往昔，只是书房的男主人已经离去多时。

醉心学术的汪福长

兜兜转转回母校

1960 年，从湖北当阳考入湖北大学财政金融系（金融学院前身）的李德凤，遇到了从汉川农村来校报到的同班同学汪福长。两个年轻的人就这样从素不相识，开始了不一样的人生故事。

汪福长的毕业照

“老汪这个人，性格内向，一门心思扑在学习上，是我们班学习成绩的前几名。我呢，成绩中等，但我性格活泼，很多同学都喜欢跟我一块玩啊学习啥的。”李德凤说。

一个内向一个活泼的人是怎么走到一起的呢？

李德凤笑着说：“先是班级分组，俩人分到一个小组，因为我们家庭出身都差不多的，我家是城市平民，上学的时候我们都是吃助学金，学习的时候，我们在图书馆里经常碰到。星期天我们都出去搞勤工俭学，一起做临时工。我们经常在一起，一起劳动、一起学习，这样接触就多起来了。真正改变我对他看法的，是大二那年，我生了一场重病。我住院之后，饭菜都是老汪从食堂给我打来，然后帮我换洗衣服，尤其是不顾旁边人的目光，帮我打洗脚水泡脚。我这人大大咧咧的，但那一段时间，真正感受到了他的细致用心。他还怕我耽误课程，每次将课堂笔记写的工工整整供我复习，我有不懂的地方，他就耐心给我解答。”

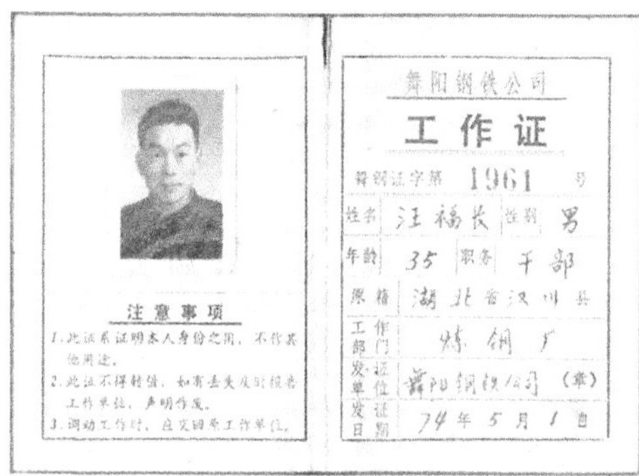

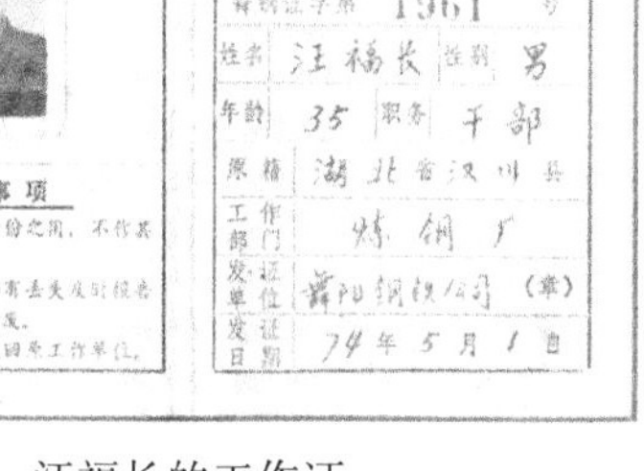

汪福长的工作证　　汪福长的教师证

两颗年轻的心，就这样慢慢接近并迸发出了爱的火花。毕业那年，两人确立了恋爱关系。

随后，两人一起被分配到河南会计学校当教员。在那里，他们结婚，生子，然后一起下放到河南郾城的农村插队，又一起招入河南舞阳钢铁厂。在舞钢，汪福长先做财务工作，后来他将这个岗位让给妻子，自己转去做资料员。

夫妻二人就这样随着时代的洪流奔涌，顽强地生活着。

1978 年，汪福长接到了同学的来信，信中说，现在恢复教育了，学校要重新开学了，急缺各方面人才，尤其是教师，问他们是不是能够回来。

夫妻二人一合计，能回老家就很好，能从事教育工作更是好上加好。于是，他们就跟学校联系，写了申请。申请最终转到了系主任谭寿清的手中，作为他们俩的老师，谭寿清教授很了解这两个学生的水平，系里经开会研究后，向夫妻二人开出了调令。

1979年春节后，阔别武汉15年的汪福长夫妇回到母校。还没来得及洗去路途的辛劳，就迅速进入了教书育人的角色。

汪福长与同事们

全心投入教学事

幸福的喜悦还未散去，家庭与工作的矛盾就开始凸显了。夫妻二人都是教师，汪福长一边授课一边做科研，李德凤一边教学一边做辅导员，家中孩子嗷嗷待哺，工作任务重事情多，两头奔忙常常令夫妻俩身心疲惫。

李德凤主动提出，自己退出教学岗位，让汪福长能心无旁骛地教学、做研究。

“这也是我个人的一点私心吧。两个小孩都很小，家里需要有人经常过来照顾，我这个做母亲的于心不忍。作为妻子而言，我看着以前的同学刘晓丽、方正生，都已经评了中级职称了，我和老汪才起步，我们心里也急啊。我想，我们都要拼命地加油才行啊。我跟老汪说，我们家先保你一个，你要赶上同学们的步伐，他也有这个意思。最后我就跟系里申请，调到资料室工作去了，因为搞资料也是专业的一部分，不算离专业太远。”

汪福长与同事和学子

系里面经过通盘考虑，最终答应了李德凤的请求，只是跟她提了一个条件：再当两年的辅导员。之后李德凤便做了1979级、1980级两年级的辅导员。

目睹了妻子为家庭的付出，感受着院系的通情达理，汪福长唯有以更加饱满的热情和更加刻苦的拼劲，去教学去科研，为教育事业尽其所能。

汪福长与学子

李德凤说："他每天要自己写教学大纲，每天都搞到深夜。""他对学生非常关心，他课讲完了以后，有时候见学生上自习，他都会跑出去看看，去专业教室那里去转悠，学生问的话就尽量地跟别人解答。”“学生的论文，他改得非常认真，看完了以后哪个地方需要修改的，他都写得清清楚楚。”

汪福长爱护学生，学生们爱戴这位亲切的汪老师。有一次，系里面要评选优秀党员，征求学生们的意见，结果，很多同学选汪福长当优秀党员。其实，汪福长不是党员，但同学们就把他认定是个党员了，因为他平常都是以党员的标准来要求自己的，表现得更像一个党员。那天投票结果出来后，汪福长兴奋地跑回家去，对李德凤激动地说，“我太高兴了，我在学生的心目中已经过关了。”

累累硕果辛劳成

汪福长不善言语，而喜欢将科研成果诉诸笔端。他在教学的同时，也开始了向科研高峰攀登的历程。

在金融学院的金融学科简史中，这样记录汪福长的科研成绩的：20 世纪 80 年代中期，汪福长的研究集中在储蓄、通货、利率和货币流通等方面，对当时的储蓄现状和特点，判断货币流通是否正常的标志，如何理解通货、利率单位以及利率调整方案等问题都提出了自己的见解。他较早就开始了对股份制的研究，表达了他对股息、股份公司等问题的看法。20 世纪 80 年代末至 90 年代初，汪福长的利息、利率理论在这一时期得到了进一步的完善与发展。同时，他对于股票和证券市场也进行了更加深入的研究与思考。20 世纪 90 年代初，汪福长开始将研究重心置于国债问题。他的科研，一直离不开时代的主题，同时又具有超前性。

在李德凤的描述中，汪福长科研工作的场景渐渐清晰起来：低矮的平房，四处漏雨，在小套间的汪福长不顾雨水漏在锅碗瓢盆中叮当作响的声音，全身心地看着桌上一摞摞厚厚的资料，手边的笔记本已经写满密密麻麻的文字。这时，桌子突然发出啪的一声响，哦，原来四个桌腿因为地面的潮湿，早已沤烂了一层，表面那层正在脱落呢。

汪福长发表在各类期刊上的论文，李德凤都精心收藏着，虽历经多年岁月洗礼，但依旧如新，尤其是一本《财政研究》杂志，收藏得颇为细心，“1997 年第 6 期《财政研究》上发表的文章《论国债的利率设计》，是老汪的最后一篇论文。杂志是在 6 月出刊的，但老汪已经在 5 月份去世了”。

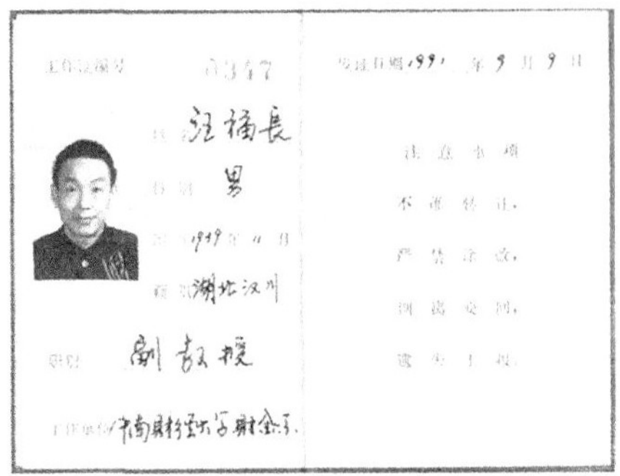

发证日期1991年9月9日

汪福長

男

1949年4月

湖北汉川

副教授

中南财经大学财金系

注意事项

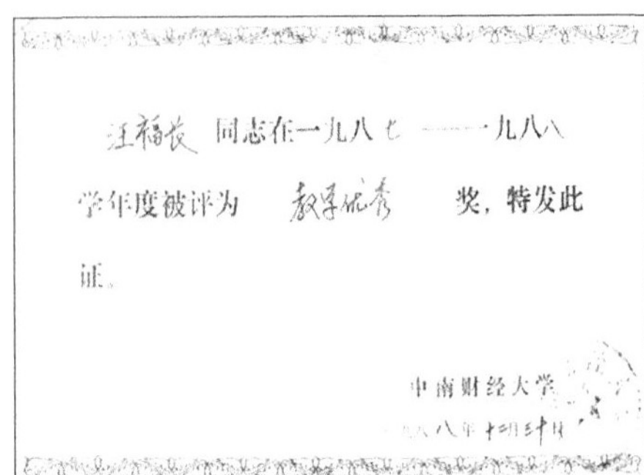

汪福长同志在一九八七——一九八八学年度被评为教学优秀奖，特发此证。

中南财经大学

一九八八年十一月

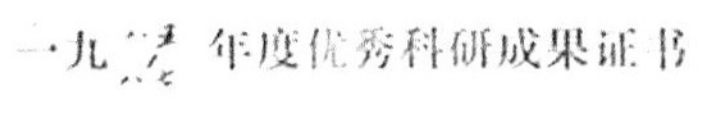

一九八七年度优秀科研成果证书

成果名称：关于储蓄利率的几个问题

成果类型：论文

完成单位：财政金融系

主要人员：汪福长

中南财经大学

一九八七年度优秀科研成果证书

成果名称：关于储蓄利率的几个问题

成果类型：论文

完成单位：财政金融系

主要人员：汪福长

中南财经大学

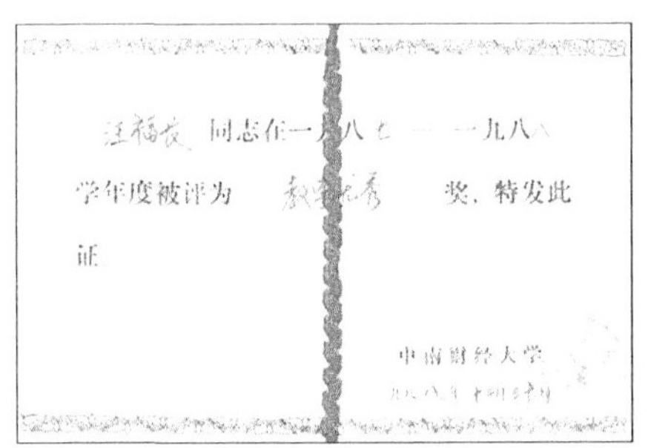

汪福长同志在一九八七——一九八八学年度被评为教学优秀奖，特发此证。

中南财经大学

一九八八年十一月

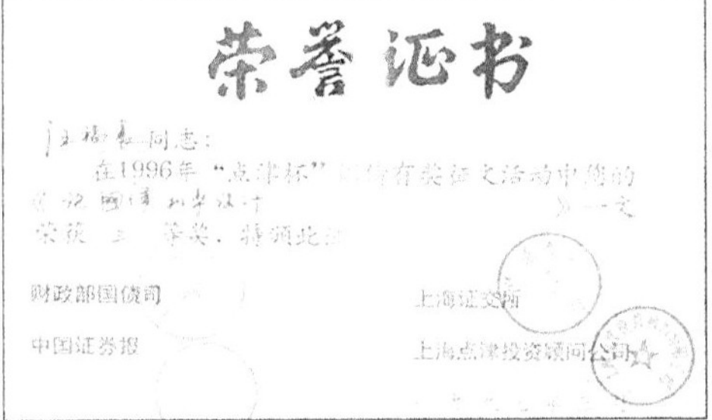

荣誉证书

汪福长同志：

在1996年"点津杯"国债有奖征文活动中您的《论国债利率设计》一文荣获三等奖，特颁此证。

财政部国债司　上海证交所

中国证券报　上海点津投资顾问公司

汪福长 同志：

您的论文《论国债的利率设计》经编委会评审，已选入大型教育工具书《中国教育大精典》系列丛书中，享有该书的著作权与署名权

特此证明

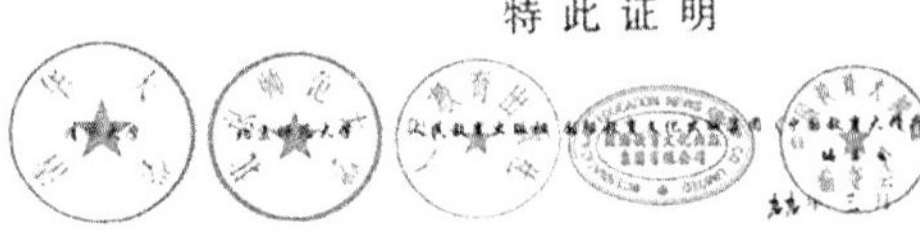

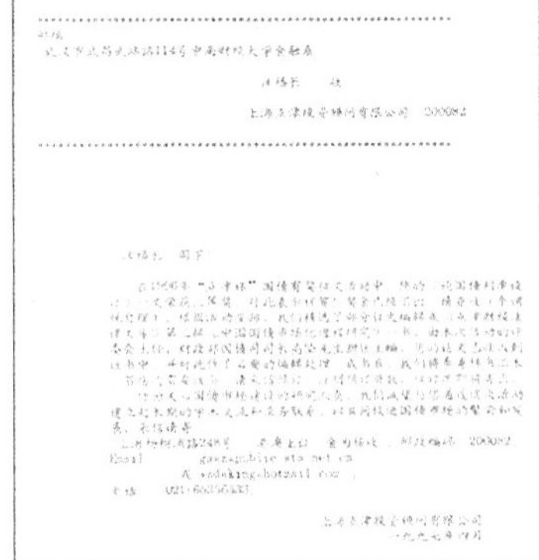

汪福长的荣誉证书

论国债利率设计

中南财经大学　汪福长

（二）通货膨胀率

（三）时差利率

国债利率与偿还期背离的分析

（一）预期通货膨胀的影响

（二）市场利率和时差利率的影响

《论国债利率设计》

“老汪最后得病了，我觉得主要是营养跟不上，因为他太劳累了，每一天基本上都是得不到很好的休息。他去世的时候还没有退休，才 58 岁，如果不是这个疾病的话，我感觉他之后还可以作出更大的理论贡献和研究的学术成果。这应该是可惜的事。”李德凤说。

至今难忘动人情

提及汪福长生病住院的事，李德凤说：“我至今难忘老汪生病期间，学院和学生们对老汪的那份感情，这让我感佩至今。”

“系里的领导、老师经常去医院看望老汪。岳正坤老师从开始到最后，有空就陪在老汪那里，颜嘉川老师也一直陪着，他们两个去的最多，其他老师基本上都去看过他。

老汪带的那些研究生，我真是非常感谢他们。他们搞了个轮流值班制，每天一下课，第一时间来我家里，都是跑着来的，要把我弄好的饭给老汪送去。他们自己出钱坐麻木三轮车去省人民医院，因为等公交来不及了。送完饭菜后，他们自己再回来吃饭。

有个硕士研究生郑建明，老汪生病的时候，他就负责接送过。他后来博士毕业到对外经贸大学当了老师。2007 年他回母校来开理论研讨会期间，专门到我家里来，拜祭他的汪老师，在遗像那里鞠躬，非常虔诚。临走的时候，他还给我留了 1000 块钱，我当时都感动地流泪，当时老汪去世 10 年了啊。”

财政部第一期“三育人”夏令营营员合影1990.8

中南财大金融专修科88级毕业留念90.5.31.

汪福长与学子

“老汪到现在已经过世多年了，但是学院在荣休教师的光荣榜上面，一直是把汪福长的名字放在上面，每逢大的庆祝节点和典礼，老汪的名字也一直在这个上面。这种念念不忘的人情味，让我倍感珍惜，也感激不尽。”

一爱痴绝到永恒

汪福长和李德凤一直相爱甚笃，但他们之间也发生过争吵，因为职称评选。

汪福长是个典型的书生，有着读书人的清高和骄傲。在他评选教授的关键时刻，李德凤建议他去评委面前多刷下脸熟，最不济也可以将资料分发给评委们看看，增加了解吧。

但汪福长反对这一点：“你这是走后门，我不会找的。我凭我的能力，我能上就上，不能上，我继续努力就是了。”

李德凤说：“我现在以同学的身份跟你说话，这个不是开后门，只是让你能更好地与人相处。难道有错吗？你不去做，我帮你去做吧。”

汪福长说，“你不要管我的事。”那天，他发了很大的脾气，李德凤选择了沉默。孩子站出来安慰妈妈，李德凤说：“你爸爸就是这样的人，对他多理解就好。”

1997 年 5 月，汪福长自知时日无多，对妻子、孩子进行了后事交代。

他对孩子说：你们做事，不能搞投机取巧。对长辈要尊敬，同事之间要互相帮助，我们家都是从农村上来的，对人不要太过于苛刻，对别人该帮助的就要帮助，要多多团结周围的人，你帮我我帮你，不能光顾着搞自己的东西。我不在了以后，你们多照顾妈妈，老二最好跟妈妈住在一起，老二爱做学术，住在武昌的可能性大，住得近方便照顾，老大你在汉口上班，有点远，就先顾着你的小家庭吧。但是，你们要互相照顾。

他对妻子说：一定要帮老二成家，你跟老二住在一起可以互相照顾，你百年以后，房子可以留给老二，但你要帮老大在汉口买房子，做父母的得一碗水端平。还有，你跟我性格不一样，你是开放型的、爱热闹的人，我走以后，你把孩子们都照顾好，等孙子大了，你可以去过你自己的生活，再找一个老伴好好地陪着你玩。

李德凤哭诉：照顾孩子的事，我一定答应你。但找别的男人的事，你不要想了，我们同学夫妻 30 多年，今生就认你这一个，不会再跟别人的。

汪福长与家人

如今，两个儿子也算各有所成，足以告慰父亲。而李德凤则以激烈的方式，宣誓着她对汪福长的爱恋，在很多次婉拒了同事亲友给她介绍老伴的好意后，她在公开场合对着所有人发了脾气，终于止住好心人的热心肠。

退休后的李德凤，唱唱歌跳跳舞，日子过得惬意，尤其是做资料管理员的职业习惯，她将汪福长所有的资料都整理得井井有条，就像他从来没有离开过一样。

李念斋教授：信用学理论研究的先行者

李念斋教授，自1972年从教以来至现在，一直从事金融理论与实务的教学和科研工作，历任教研室主任、中共党支部书记、党总支书记、金融研究所所长等职务。现为金融学博士生导师，享受湖北省政府特殊津贴。2002年5月25—26日，中南财经政法大学李念斋教授应邀赴北京，参加APEC(亚太经合组织)"金融与发展项目年度论坛"。

李念斋教授主要从事金融理论、货币政策与金融宏观调控等方向的研究，出版《信用学》，学界评论此书开创了"系统地研究信用问题的先河"，《金融时报》和《改革时报》都作了报导，认为该书是"金融理论园地的一朵奇葩"。该书作为研究生教材，1996年获财政部优秀教材一等奖。李念斋教授曾应邀赴中国香港、台湾地区以及乌克兰参加国际学术会议，提交的论文被收入论文集。李念斋教授有自己的重点研究领域，注重基础理论的研究，观点鲜明，有自己的独到见解，对实践有指导意义。

2002年5月25—26日，中南财经政法大学李念斋教授应邀赴北京，参加APEC(亚太经合组织)"金融与发展项目年度论坛"。参加会议的有包括中国在内的亚太地区和国际金融组织(世界银行、国际货基金组织等)的领导和知名专家学者，时任国务院副总理温家宝主持会议并讲话。央视新闻播放这次会议时，出现了李念斋教授的镜头。这是他人生之中一段难忘的回忆。

与武汉结缘

李念斋教授与武汉结了两次缘。

第一次结缘是在他的童年时代。一家人为了讨生活，去了武汉。李念斋的老家，原本在湖北孝感孝昌县，他于1943年8月26日出生在那里。

1949前的武汉，民生多艰。李念斋全家人在武汉的生活也万分困难。没有粮食，他们只能去别人的菜地里，捡剩下的菜叶子回来吃。没有柴火，他们就到长江的货轮上面去刨树皮子，这些货轮停靠在长江口岸，运送采伐的生木柴，树皮还没有剥去。他们就这样艰难度日，直到1949年后全国启动土地改革。

1950年6月30日，《中华人民共和国土地改革法》颁布，实行农民的土地所有制。同年起，国家开始没收地主的土地，分给无地或少地的农民耕种。

母亲带着李念斋兄妹几个，回到孝感，分到了房子，分到了土地。父亲则留在武汉卖菜，做一点小生意赚钱，后来，他进了武钢工作。

一家人“兵分两路”，李念斋跟着母亲在孝感生活、上学。上小学时，李念斋的成绩在班上名列前茅，他的作文也写得好。班主任老师叫魏纯斋，教语文课，他对李念斋很欣赏。小学毕业，经魏老师推荐保送，李念斋顺利上了初中。那时，李念斋就读的小学一个年级六个班，一个班五十几人，考上初中的还不到一个班。

李念斋读中学的时候，又赶上三年困难时期。学校里没有饭吃，学生们每个礼拜回家，带一些磨的大米粉，拿到学校去，每天冲一冲调成羹吃。因为没有口粮供应，好多学生辍学回家。李念斋坚持了下来，通过刻苦学习，念完了初中和高中。

第二次与武汉结缘，已经是他22岁的时候。1965年，李念斋考上了湖北大学(今中南财经政法大学)，离开老家，再次来到了武汉，并从此在这里落地生根。

翻译俄文书籍

李念斋读的是财会系财政金融专业。大学毕业时，有二十来个学生留校任教，财会系只有李念斋一个人留了下来。

李念斋与同事

此后，他一边从事金融教学，一边做科研。那时，国内外都在研究金融方面的一些问题，国内金融界也在研究国外的金融，中国主要是学苏联。为了提高自己的金融专业知识，李念斋经常泡在学校图书馆的外文资料室，阅读苏联金融方面的书籍。他发现了一本苏联高校的金融教材，产生了翻译该书的冲动。

尽管他从高中开始就学习俄文，一般性阅读没有问题，但真正要翻译俄文作品，尤其是专业的经济类作品时，原来的外语储备显然就不够用了。

李念斋就一边翻译，一边查俄汉词典，查一个生词，他就记下来。这个生词本，后来记了整整三大本，走到哪里，他就带到哪里。出差的时候，在火车上他也背单词。

李念斋说："我其他的单词认识不多，但经济方面的单词，掌握的比较多一些。所以，后来翻译经济方面的书，能够比较快，很得心应手，基本上不用字典。"

正是通过下苦工夫，一本《苏联货币流动与信用》的俄文书籍，20 多万字，他用半年的时间就翻译了出来。

《苏联货币流通与信用》

然后，李念斋带着译稿，直接到北京去找中国金融出版社。见到出版社的社长，他毛遂自荐，说：“我翻译了一本苏联的教材，已经拿来了，20多万字，你们看看能不能出版？”

社长说：“你放在我这里，等我们编审同意以后我再告诉你。”

李念斋就把他的翻译原稿放到了出版社。这些手稿，都是他爬格子一个字一个字爬出来的。后来不知道过了多久，社长给他回信了，社里同意出版。因为此事，李念斋十分信任中国金融出版社，他后来的学术作品，也都交给了这个出版社出版。

大胆创新，成为主编

《信用学》无疑是李念斋教授的重要学术代表作之一，学界评论此书开创了“系统地研究信用问题的先河”。

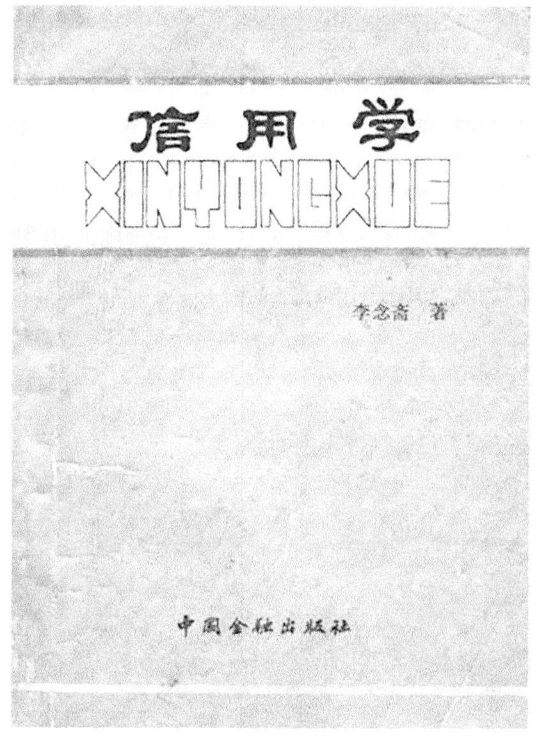

《信用学》

知名学者郑先炳在《信用理论发展中的一块基石——评李念斋的〈信用学〉》一文中，对这本著作的创作背景和学术价值，作了深入分析。他说：

“传统的《货币银行学》教科书，一直都比较注重信用问题，并且早已形成了一种牢不可破的货币、信用与银行‘三分天下’的格局。也许正因为如此，我们在教科书中，就只能读到类似信用的本质、职能、作用、信用形式等这样一些最基本的信用理论问题，而除此之外的信用工具的创新问题、流通问题、市场交易问题、不同的信用方式与货币流通的关系问题、信用转换与替代问题，等等，诸多在现实经济生活中越来越重要、读者也很想了解的相关问题，却很难在教科书中找到，即使能看到一些相关名词，也没有系统的知识介绍。”

他进一步指出：“这就是说，传统的做法与现实的需要之间，产生了一对矛盾。矛盾的客观存在，需要有可行的办法去解决。依我之见，解决这一矛盾……把有关的信用问题以及与信用相关的其他经济问题，从货币银行学教科书中，截取出来进行专门研究，这样，既可集中论题，又可对论题作更深入、更全面、更系统的研究。”

李念斋教授正是选择了这种方式进行研究，郑先炳认为，“这是一种大胆的也是成功的选择”。中国当时并没有系统化、专门化的信用问题研究，李念斋教授最先给研究生讲这门课，是在山西财经学院。山西财经学院有一个研究生班，学生都是进修的年轻老师，由中南财经大学对其进行培训，李念斋等人担任培训老师分别给他们上课。

李念斋与同事

李念斋不会标准的普通话，说话带有孝感口音，但是，他讲课从不照本宣科，而是进行启发式教育。

多年之前，他在湖北财经学院上课，党委书记邓周立去听他的课。李念斋当时年龄也不大，邓周立听别人反映，说他上课不错，所以亲自去听。听完课以后，他就跟李念斋的爱人讲：“我听说老李讲课不错，真的不错。你要鼓励他，你多做点事情。”李念斋得知后，深受鼓舞。

在山西财经学院，他按照自己的思路，给学生们讲“信用学”。他对信用问题研究得很系统，观念很新鲜，学生收获很大，所以，上课效果比较好，学生们反响不错。在学生对老师的书面评议中，李念斋得了第一名。

讲台上的李念斋

荣誉證書

李念斋主编的、　　　　　参编的
《信用学》荣获财政部第三届
全国财政系统大中专优秀教材一等奖。

中华人民共和国财政部

证书编号：　　　　　一九九六年二

李念斋的荣誉证书

李念斋一边上课，一边写教案。后来的《信用学》一书，就是在这份教案的基础上成书的，获得了财政部颁发的优秀教材一等奖。

20 世纪 90 年代，教育部把教材的编写分配到了有关的主管部门。金融类分到了中国人民银行总行，由其负责组织编写全国的统编教材。

中国人民银行总行召开会议，邀请知名的财经院校参加教材编辑会议，确定教材内容和主编人选。

在这之前，李念斋主编过《社会主义货币银行学》，发表了相关论文，出版了专著《信用学》，也参加过相关的学术会议。因此，李念斋获邀参加了编辑会议。

会议上，经过大家的研究，只要获得总行的认定，就现场确定各个教材的主编。李念斋和辽宁财经学院(今东北财经大学)的校长夏德仁被确定为《货币银行学》的主编。教材选一个主编的，是一般的金融类教材；在全国选用两个主编的，那是重点中的重点。金融学主要教货币银行学，因此是重点中的重点。

《中国货币政策研究》

李念斋到了辽宁财经学院，住了下来，专职主编工作。

夏德仁是校长、博士生导师，比较和气，没有官架子。李念斋是教研室主任。二人通力合作，完成了《货币银行学》的编纂工作。这部教材，成为普通高等学校金融类“九五”规划重点教材。

李念斋教授说：“一个人精力有限，搞科研的时候，我注重质量，不讲数量。讲质量，就是你发表论文要有自己的观点，要有自己的创见。”

他的主要研究方向，是信用、货币政策、中央银行的宏观调控等方面，他发表的每一篇文章，都有自己的见解，有的见解则属开创性或是最早提出的。例如，李念斋教授于1982年在《经济研究参考资料》上，最早提出我国基本建设投资应进行可行性研究；在1986年《财贸经济》第6期发表的《谈我国中央银行的货币政策》一文中，最早提出我国中央银行的货币政策应是稳定币值。

李念斋教授的重要观点之一，是“中央银行的职能是稳定信用关系和稳定币值这双重职能”。

以前讲中央银行就是三大职能，讲中央银行就是三大银行：发行银行、银行的银行、国家银行。谈职能谈三大银行：国家银行就是给国家融资，发行银行就是发行人民币，银行的银行就是发放商业贷款。

李念斋认为，中央银行就是两个职能，一个是稳定信用关系，另一个是稳定币值。稳定币值是中央银行职责，不能搞通货膨胀。发行货币要恰当，要为经济的发展而发行，不能乱发行货币，货币发行过度就引起通货膨胀。稳定信用关系是要维持商业银行资金链不能断，不能引起恐慌。信用关系要正常，中央和商业银行都要有正常的信用关系，需要进行监管。

他的观点发表在金融类权威刊物《金融研究》上。

随着中国金融市场的发展，李念斋教授也比较早地介入证券和股票领域的研究。1990年深交所和上交所成立，从那时候开始，李教授就已展开具体研究。1992年，香港中文大学为召开第一届中国股市问题研讨会征集论文，李念斋教授写一篇文章，谈中国证券交易所的设立，主张设立多层次的证券交易所，除了全国性的一个证券交易所外，也要有地区性的交易所。

这篇文章被研讨会的组委会选中。李念斋和国内几位知名学者一起，参加了这场研讨会，并作了学术报告。

李念斋的报告给学者们留下了深刻印象。与会的有台湾“中山大学”的一位教授，1996年12月，台湾“中山大学”召开学术研讨会，并向李念斋发出了邀请。

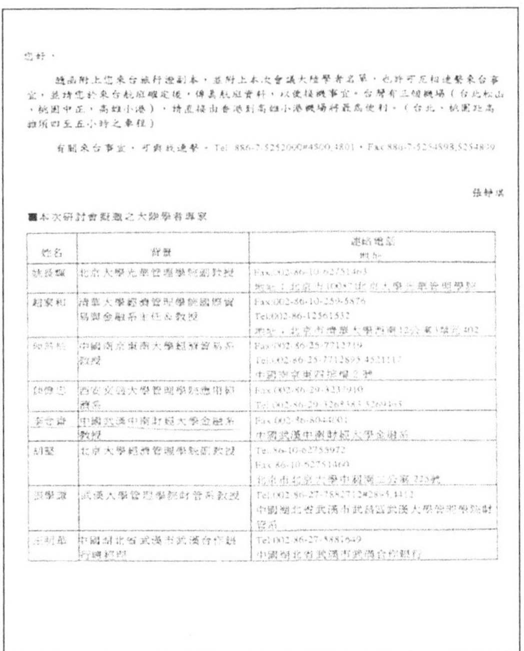

您好，

隨函附上您來台旅行證副本，並附上本次會議大陸學者名單，也許可先相連繫來台事宜，並請您於來台航班確定後，傳真航班資料，以便接機事宜。台灣有三個機場（台北松山、桃園中正、高雄小港），請直接由香港到高雄小港機場將最為便利。（台北、桃園距高雄須四至五小時之車程）

有關來台事宜，可與我連繫。Tel: 886-7-5252000#4500,4801，Fax 886-7-5254893,5254809

張靜琪

■本次研討會擬邀之大陸學者專家

姓名	背景	連絡電話 地址
姚長輝	北京大學光華管理學院副教授	Fax:002-86-10-62751463 地址：北京市100871北京大學光華管理學院
趙家和	清華大學經濟管理學院國際貿易與金融系主任＆教授	Fax:002-86-10-259-5876 Tel:002-86-12561532 地址：北京市清華大學西南12公寓1號元402
[illegible]	中國南京東南大學經濟管理系教授	Fax:002-86-25-7712719 Tel:002-86-25-7712895,4521117 中國南京東南[illegible]2號
[illegible]	西安交通大學管理學院應用經濟系	Fax:002-86-29-3237910 Tel:002-86-29-[illegible]
李念齋	中國武漢中南財經大學金融系教授	Fax:002-86-8044001 中國武漢中南財經大學金融系
胡堅	北京大學經濟管理學院副教授	Tel:86-10-62755972 Fax:86-10-62751460 北京市北京大學中關園二公寓225號
[illegible]	武漢大學管理學院財管系教授	Tel:002-86-27-7882712#2895,4412 中國湖北省武漢市武昌區武漢大學管理學院財管系
[illegible]	中國湖北省武漢市武漢合作銀行總經理	Tel:002-86-27-5881649 中國湖北省武漢市武漢合作銀行

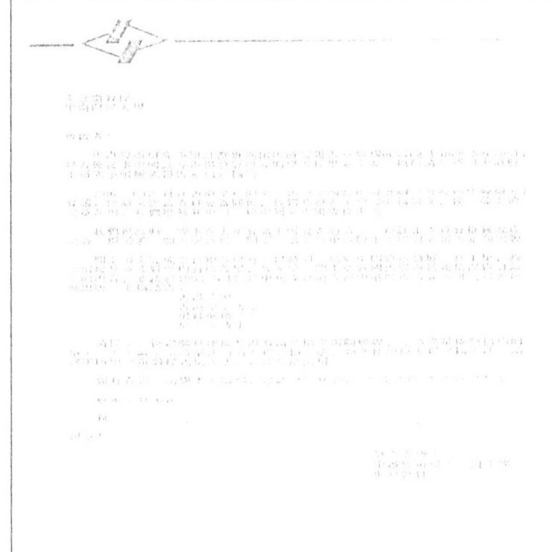

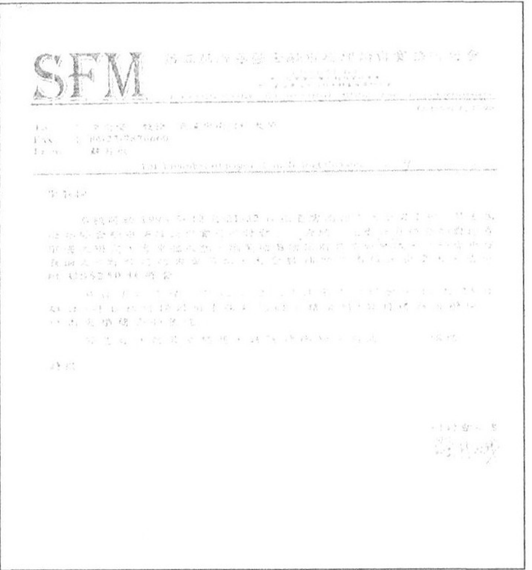

SFM

邀请函

中南财经政法大学的老一辈学人，如周骏教授、张桂生教授等，既是李念斋的老师，也是他的同事。李念斋很欣赏他们老老实实做学问、踏踏实实做研究的态度，在他的心里，那是学者应有的样子。

李念斋教授说：“他们不是当官的人。他们一直做学问，他们做学问的精神，对我很有感触。我不是当官的料子，所以，我就专注于做科研。”

做科研必须要专，怎样专呢？“你自己教什么课，教什么专业，你就从事哪个方面的科研，这是我的指导思想。”李教授说，“我基本上没有星期六、星期日和假期的休息时间，总在思考问题。”

做科研必须要看书，看书就必须上图书馆。看了书以后，做笔记，要研究，要思考。他采取的办法是读、记、想。读了后，记下来，想一想在这个问题上，有哪些观点，这些观点对不对，自己怎么看，再写文章谈自己的见解。同一问题的不同的观点，他都收集，然后对比，得出自己的看法。在这个问题上，有比较好的句子或者一些思想，他就摘录下来；在这篇文章当中，谈了什么观点，其他人的文章中，又是怎么谈的，他也摘录下来。

李念斋教授说：“我们爬格子，坐冷板凳，比较艰苦的。你不艰苦，搞不出成绩。”

蒋振华副教授：心底无私天地宽

蒋振华副教授是原中原大学第49队学员。中原大学结业时正值解放初期，国家建设急需各种人才，蒋振华被一纸调令分配到中南局财政部农税科工作。在湖北省建设银行会计科工作时期，蒋振华改进资金拨款方法的建议，得到了湖北省分行和建行总行的认可，并在北京召开了建设银行关于建设投资工作专题会议。20世纪60年代，在全国建设银行工作会议上，她曾受到毛泽东主席的接见。

1978年，她加入湖北财经学院，主教建设银行会计课程，是会计课程教材的重要编写者之一。任教期间，蒋振华还曾多次单独或参与财政部重大课题、中央广播电视大学，东北财经学院等院校的教材编写工作，是《建设银行会计》部分章节的主要编写者。在编写教材的同时，蒋振华开始悉心教学，连续担任1977级、1978级、1979级、1980级、1981级五届教学和1984级基建专修科的建设银行会计课程的讲授和辅导，在教学中她将自己多年的实践总结倾囊相授，不仅教授理论知识，也带着学生走出校门实地操作，培养教授出一批国家经济建设的中坚力量，其中部分学生担任过国家政府部门和国有大型企业的高层领导和主要负责人职务，为改革开放初期的国家经济建设和持续发展尽了自己的一分力。

蒋振华说："我对学校，对金融学院有很深的感情，为教育学生，培养人才努力过，付出过，这是我最骄傲的。"在金融学院建院70周年之际，她寄语金融学院："创一流学科，育中华英才。"

93岁高龄老教师蒋振华老人，是中南财经政法大学金融学院离休副教授，虽然她听力不是很好，但依旧思维敏捷，在和她的交谈中，我们深入了解了她70多年来的心路历程和她对教书育人这份职业的热爱，还有她丰富多彩的晚年生活。

耄耋之年的蒋振华

读书求学

1947年初夏，20岁的蒋振华高中毕业在老家江苏南京郊区六合县的一所初中任代课老师，那时值解放战争节节胜利，革命洪流风起云涌，她和许多年轻人一样，怀揣一颗热血激荡的心，向往着继续读书，掌握更多的文化知识。蒋振华老人回忆说："当时我四叔在武汉工作，得知有大学正在招生的消息，马上写信问我是否愿意来武汉继续读书，我非常乐意。"她立即收拾行装，溯流而上，来到武汉，报考了中华大学，随即被录取。在中华大学读了两年后，1949年，武汉解放，当时的革命大学——中原大学从河南迁至武汉，同年，她又考入中原大学继续学习，学校实行军事化管理，学生被分为各个区队，"我被分在了第49队"，今年已是93岁高龄的蒋振华老人一直记得这个番号。

在49队，她认真学习，积极接受思想教育，同时也与自己的同学，从武汉大学转入中原大学49队的尚振礼相识相爱，成为一对令人羡慕和敬重的人生伴侣。

少年时期的蒋振华

中原大学转入正常教育后，蒋振华进入会计专业学习，成为新中国财经人的一分子。

工作实践

中原大学结业时正值中华人民共和国成立初期，国家建设急需各种人才，蒋振华被一纸调令分配到中南局财政部农税科工作。从不熟悉业务到弄懂弄通，蒋振华在实际操作中提高了专业水平。通过整理有关农业税收支数据，将各种数据资料编制农业税统计数字表，蒋振华的这项工作得到了部长的重视，并被指示将此表编写成中南财政收支表且付印。

蒋老师工作刚走上正轨，却时逢各大区撤销。中南财政部部长杨少桥同志要调往北京，任中央财政部部长，杨部长提出将蒋振华和她爱人尚振礼一同调到中央财政部工作，当时尚振礼已在中南财经学院任教，教育部方面认为，高校师资稀缺，国家培养一名高校教师不容易，不同意尚振礼调离，几经协商，将蒋振华分配到建设银行湖北省分行会计科。

“从此，我就留在了武汉，在建行会计科一干就是近二十年，在武汉生活了70多年。”蒋振华老师回忆说。

在随后湖北省建设银行会计科工作时期，蒋振华主要是负责基本建设拨款项目，监督对各个基本项目拨付款项。在实际工作中她对此提出了自己的想法，认为建设单位多次要求追加拨款，既给工作增加了难度，也造成了资金浪费。于是，她向行领导建议，改进资金拨款方法，先和各主管部门及工程单位到建设工地进行实地考察，周密计算，由银行制定所拨款项的最终额度，多了不退，超支了也不补。通过实际操作，该方案被证明是可行的，她的建议得到了湖北省分行和建行总行的认可，并在北京召开了建设银行关于建设投资工作专题会议。

开动脑筋工作，到实地探查解决问题，这就是蒋振华总结的工作经验和解决问题的法宝。由于工作出色，蒋振华经常参加建设银行总行、财政部召开的工作会议。在20世纪60年代的一次全国性建设银行工作会议上，毛泽东主席接见了会议代表，并与全体代表合影留念。“我有幸参加这次会议，受到了毛主席接见。”说到这段经历，蒋振华老师的话语里充满了自豪。

“文化大革命”期间，蒋振华老师的一家相继经历了到湖北省五七干校锻炼、下放农村和分配到省直三线工厂从事财会工作，度过了人生比较艰难的一段时期。

蒋振华与同事

教书育人

1978年，蒋振华放下算盘，拿起教鞭，回到母校湖北财经学院。当时财院复校不久，新增设的基建系既缺乏教师，也缺少教材，蒋振华分配到基建系，主教建设银行会计课程。尽管有着丰富的建设银行会计工作经验，但面对学生讲课，从实践经验上升为理论知识，由数字转换为讲授，需要特定的理论语言，这对蒋老师是一道新的关卡。她一边精心备课，一边开始为编写教材作准备，借阅相关书籍，向系里老教师学习请教，如何将教材编写得通俗易懂。她说：“我很感谢卢石泉教授的帮助，向他借参考书籍，请他指导，帮助修改我所编写的教材，随时打扰，他都乐意，我一直把卢老师看成我的老师，也很尊重他。”

任教期间，蒋振华还曾多次单独或参与财政部重大课题、中央广播电视大学，东北财经学院等院校的教材编写工作，是《建设银行会计》部分章节的主要编写者。所参与编写的教材中，一本由本人总纂，一本由中国财经出版社出版。

当时任课老师和学校、系领导照片

蒋振华与同事及学子

在编写教材的同时，蒋振华开始悉心教学，连续担任1977级、1978级、1979级、1980级、1981级五届教学和1984级基建专修科的建设银行会计课程的讲授和辅导，同时在这段时间里，蒋老师还为江苏、四川、广西建设银行、广东财校、广西农垦职工大学讲授建设银行会计和建设单位会计课程。在教学中她将自己多年的实践总结倾囊相授，不仅教授理论知识，也带着学生走出校门实地操作，培养出一批国家经济建设的中坚力量，其中部分学生担任过国家政府部门和国有大型企业的高层领导和主要负责人职务，为改革开放初期的国家经济建设和持续发展尽了自己的一分力。

1985年蒋振华离休后还多次由学校派往昆明、无锡、常州、江西等地讲课，编写教学讲义。

在用心教好学生的同时，蒋老师非常关爱学生。改革开放初期，有不少来自贫困地区的寒门学子，不适应城市环境和学校集体生活，课余时间，她经常到学生宿舍走走看看，嘘寒问暖：讲的课听不听得懂、生活上有哪些困难，还需要什么帮助。她把学生当成自己的子女呵护。直到现在，她教过的一些学生回到母校，都会去看望她，都还记得当年在蒋老师家吃到的她烧的菜的味道。

蒋振华的荣誉证书

幸福晚年

离休后，除了继续完成学校安排的相关教学任务，闲不住的蒋振华又在老年大学报了名，学习书法、保健等，爱好摄影、旅游、古诗词。经常和同是中南财大离休的老伴尚振礼教授到全国各地名胜古迹旅游，每到一处都会拍下当地的风土人情，写一篇游记留作纪念。装订成册的三大本游记的几十本相册就是她满满的回忆。

蒋振华与丈夫

在家的时候，蒋老师会读诗看报，练习小楷，养花种草，和老伴下下象棋，玩玩电脑游戏。至今，蒋老师用小楷抄写了古文古诗词100多本和很多条幅，其中抄有《古文观止》、“四书五经”、名人名言等，家里挂满了自己写的条幅，还参加了各种书法比赛，在国内一些书法协会和本校举办的书法比赛中多次获奖，首义校区离退休人员活动中心现在还挂有一幅她的作品。还有好多条幅和她自写自画扇面的纸扇被家人、朋友收藏，有的还被带到了国外。

如今，已是90+高龄的蒋振华和老伴尚振礼依然在天气晴好时手牵手漫步在首义校区的林荫花海中，图书馆、教学楼旁，被路人、学生赞为首义校园内的一道风景，是当下幸福安康老年生活最好的样子。

蒋振华与丈夫

诗文相伴，墨韵流香，爱人在侧，子女孝顺的幸福晚年，莫过如此。30多年前蒋振华在老年大学学习书法时，当时的指导老师，湖北省书法协会顾问陈方既先生为她题字一幅，“如烟往事俱忘却，心底无私天地宽”。“这就是我的人生写照”，蒋振华老师说。

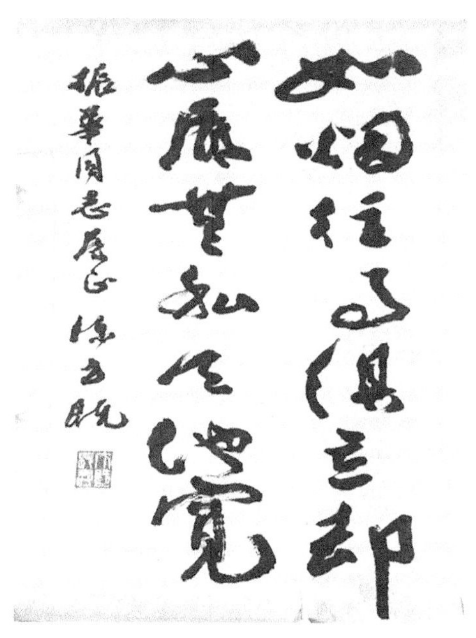

蒋振华的书法作品

殷切寄语：蒋振华最后说：我对学校，对金融学院有很深的感情，为教育学生，培养人才努力过，付出过，这是我最骄傲的。在金融学院建院70周年之际，寄语金融学院“创一流学科，育中华英才”。也希望莘莘学子多读书，孔子曰：言之无文，行而不远；苏轼言：腹有诗书气自华。

雷仲篪教授：建筑经济学巨擘的治学报国情

雷仲篪教授1956—1960年就读于原中南财经学院财政专业。1958—1978年因错划右派，在极其恶劣的环境中，身陷囹圄仍执著，以惊人的毅力自学了第二专业：工业与民用建筑。自此从事建筑工程设计与预决算工作，这为他后来卓有成效地从事部门经济与建设技术相交叉的“建筑与房地产经济学科”的创建与教学打下了坚实的基础，填补了建筑业相关学科的空白。

其学术兼职二十余种，主要有：国家建设部政策研究专家、亚洲房地产学会会员及创始人(之一)、中国建筑经济学术委员会委员、中国基建优化研究会常务理事、专家委员会专家与房地产优化专业委员会常务副主任委员、湖北省建设会计学会副会长、湖北省资产评估学会与武汉市房地产估价师学会常务理事、湖北省高院与武汉仲裁委司法鉴定专家、《建筑经济》《基建优化》《中国房地产》《中国房地产金融》《住宅与房地产》等十余家杂志的编委或特约撰稿人。

雷仲篪教授在1981年至2000年期间，全身心地投入学科建设与教学中，先后出版了《建筑企业管理学》《日本建筑生产和管理技术》《建筑业经济学》《对外建筑承包管理学》《地产经营管理理论与实务》《不动产估价》等学术专著与译著。此外，还先后在国内外发表约200篇学术论文。其学术成果多，曾获优秀成果奖，在国内外影响较大。其中《建筑业经济学》被国家规定为建筑业领导干部和全国县长的培训用书。

雷仲篪教授治学严谨、学术成果丰硕，长期活跃在国内外学术活动中，受到英国剑桥名人传记中心的邀请而入编英文版《国际学者名人录》，使其名副其实地成为国际知名学者。同时，他为人正派、一身浩然正气，嫉恶如仇，敢于针砭时弊。作为教师，正好用系部在他退休时所赠对联“教之以理导之以德爱道学道足为师矣，授而不厌诲而不倦做人立人堪作表焉”作为对其评价。近几年，雷教授虽退休，但笔耕从未停止，依然默默地奉献着。由此可见，其忘我的工作精神与高尚的品格。

竹苑深深，柔风习习，“七秩金融，筑梦一流”的华诞乐章，从多才多艺、琴棋书画无不精通的雷仲篪教授这儿，奏响了悦动的旋律。

87 岁的雷仲篪教授精神矍铄，回首往事，他依旧如同在课堂讲课一般，谈笑风生，挥斥方遒。

雷仲篪近照

谆谆教诲记心头 面壁廿载不释卷

1957 年，作为中南财经学院财政专业的高材生、优秀共青团员，雷仲篪被同学们三次不记名投票选为学生代表之一，随代表团前往北京高等教育部，提交学生意见书。这次北京之行，他见到了时任共青团中央书记的胡耀邦同志。

胡耀邦与代表们畅谈到深夜。雷仲篪特意谈到了意见书中个别教师文化水平低下，有的教材与中专教材差不多等问题。胡耀邦拍拍他的肩膀，语重心长地说："小同志，我们国家国情如此，师资力量有限。如果教员水平不够，但大学图书馆资料丰富，你们可以自学呀。我们的领袖毛主席就是自学成才的典范，英国大戏剧家莎士比亚也是自学成才的翘楚啊……说不定，未来财经教育的重任就落在你们身上了哟。"

胡耀邦没有领导架子，平易近人，对师生的要求有求必应，并督促整改。这给作为学生代表的雷仲篪，留下了深刻印象。而他提出的自学成才的说法，更是点燃了青年雷仲篪心中的一团火焰(二十多年后，胡耀邦任总书记时，还在雷仲篪信上批示给全体冤假错案的学生补发毕业文凭)。

因为被选任赴京代表一事，雷仲篪及全体代表皆被打成"右派"，接下来开除党籍、团籍与学籍，并送往沙洋劳改农场劳动教养，摘帽后他回到湖北黄陂县从事建筑业。尽管每日在钢筋水泥跳板中进行劳作，但雷仲篪没有消磨自己的意志。他一放下瓦刀，便拿起书本积极自学，利用空隙时间、休息时间，他研学了三十多本关于建工专业的著作。一个财经学院的高材生，通过学习，最终成为一名优秀的建筑设计师。

十月一声惊雷，神州春风浩荡。1981 年，走出了 21 年政治阴霾的雷仲篪，此时面临两个选择：是继续完成家族几代人的梦想，还是回到母校，利用自己的学识教书育人呢？

雷仲篪与同事及同学

两难抉择报国先　老骥改蹄驰千里

对于一天工作 16 个小时、年均承担课时数为一般教师 10 倍的雷仲篪来说，时间尤嫌不够多，岂能休息，三个月更是奢谈。

奋斗的人生最美丽，累累硕果更是香。雷仲篪教授的学术生涯，堪称“学科最佳补白人，专业拓荒第一牛”，可谓一代传奇。

1985 年，雷仲篪结合二十年多年从事建筑业的实际经验，结合财经背景，编写了第一部专著《建筑企业管理学》，这是我国“建筑企业管理学科”的第一部补白之作。此后，他又出版了《建筑业经济学》，再次填补了“建筑业经济学”学科的空白，此书后来被国家规定为建筑业领导干部和全国县长的培训用书。在后续出版的一系列专著中，《对外建筑承包管理学》更是一本“绝后”之作，原因无他，此书出版后，该学科无人再写同类书籍。有学界同行评价说：每每有所研究心得欲书专著，一翻雷教授之书，颇有李白欲题黄鹤楼而见崔颢作于前之感。

《建筑经济》工作会议合影

从回到财大从事教学研究工作那天开始，到 2002 年退休，雷仲篪先后出版专著 7 部，部部堪称业界大作；先后发表学术论文 120 余篇，篇篇都属质量上乘。

拳拳之心为学院　年高德劭自风流

雷仲篪不曾停歇，他顺应时代发展的潮流，先后几次改变研究重点，从建筑经济学到房地产经济学，再到不动产估价，伴随着学科细分与融合，雷仲篪与时俱进，把握着时代的脉搏。

雷仲篪出席会议

由于影响力越来越大，诸多荣誉都加诸雷仲篪，他先后担任国家建设部政策研究专家、中国建筑经济学术委员会委员、亚洲房地产学会创会会员、世界建筑研究与文献委员会委员等学术职务，为中国建筑经济学科持续拓展着国际影响力。

雷仲篪先后提出“住房商品化、私有化”“财政投资项目实行公开招投标制度”“否定‘基本建设’相关概念，用‘投资’取代”等学术观点，皆被国家采用。中华人民共和国先后两任总理，都在雷仲篪提交的报告上，签署过相关意见。

因为学术观点得到中央领导的肯定，雷仲篪建议财大“基本建设系”更名为“投资系”，他的建议得到了相关部委的批准，为金融学院日后的发展打下了良好的基础。

雷教授在亚洲房地产学会上作学术报告(香港)

美国纽约大学房地产学院院长同雷教授一行留影于该校

美国房地产估价师学会新老会长同雷教授一行留影于该会总部

在著作等身之余，雷仲篪不忘为母校财大和金融学院的学科建设作出自己的贡献。他说，我一生最闪亮的时刻是在财大、在金融学院，我要以拳拳之心来回报于他。

因为多部精彩且精深的专著，雷仲篪的大名播撒海内外，他的文友也遍及四海。这其中，他与挚友、曾任建设部副部长的杨慎之间的故事，更是传为美谈。

中南财经大学投资系成立二十周年纪念 94.9.30

中南财大投资87级毕业十周年聚会合影留念 2001.5.2

中南财经大学校庆五十周年投资经济系校友合影留念 98.11.7

雷仲篪与同事及学子

20世纪80年代，由雷仲篪两部专著发端，财大投资系建议开设“建筑经济”和“房地产经济”两门专业，为社会培养急需人才。但当时属于财政部管理的财大，其报告提交到建设部后，一直未见回音。学院领导找到雷仲篪，恳请引荐。雷仲篪当仁不让，立刻联系自己的文友杨慎。最终，杨副部长直接拍板，为学院上马两个新专业铺平了道路。

而今，已经远离讲台多年，雷仲篪重新拾起家族延续多年的梦想，继续为中华诗教运动奔走呼号。退休后他集中十余年之精力，重新整理与撰著，其成果68万字的学术专著《诗词曲联格律新论》，终于在2012年自费由中国文联出版社出版(2020年出第二版)。此书一经出版，就被世界顶级高等学府美国哈佛大学燕京图书馆、波士顿市图书馆、加拿大多伦多市图书馆、多伦多大学图书馆、中华诗词学会及诸多海内外著名学术机构收藏。此著可谓中国文学史上第一部用现代科学全面审视与考证中华诗教、诗学、词学、曲学和联学传统理论，去伪存真，取其精华，去其糟粕，并作出改革创新及现代诠释与理论梳理的学术专著。雷教授长期坚持为广大诗词爱好者义务作学术讲座，并对所有学员赠书。连同70余年来的研究与出版，此书共耗费约百余万元，其间由于经费不济，雷教授还被迫卖掉了家乡老宅。2014年10月27日，中国社会科学报记者明海英为此作了专访报道——《经济学者退休后自费出版〈诗词曲联格律新论〉》。

雷仲篪与妻子

上述专著主旨与核心内容正是他所要奉献的“国策”建议：由国家全面启动“复兴中华诗教工程”。2015年3月，十二届全国人大第三次大会开幕的前一天，全国人大代表周建元女士亲自莅临雷仲篪家中作了专访。在周代表的努力下，他的两份“建议”被全国人大采纳，其后又收到文化部的正式文件，文件中除对他深表谢意外，还告诉了他文化部与教育部对此项工作实施的状况。他在给国家领导人《献策书》中表示愿为“复兴中华诗教”这一千秋伟业付出有生之年的全部心血，鞠躬尽瘁，死而后已。

他与结发妻子，更是鹣鲽情深，一生相爱如初恋，二人在琴棋书画间舞弄着古典之美，诗词歌赋里唱和着格律之乐，安享晚年。

雷仲篪的晚年生活

雷仲篪与家人

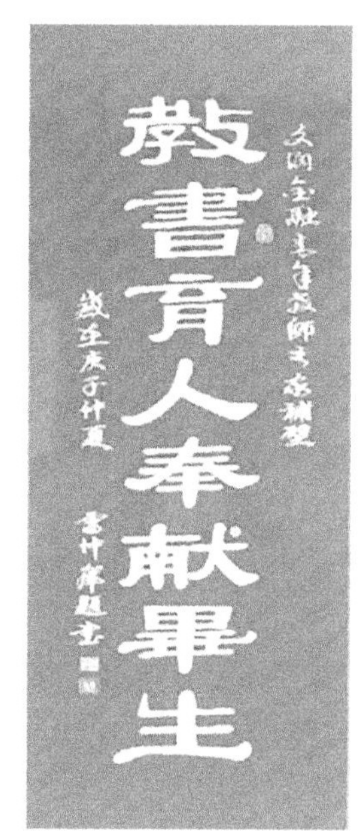

雷件篪的书法作品

回顾与金融学院这多年的情缘，雷仲篪教授用家传的诗词，给出了铿锵有力的回答：“杏坛耕耘半世，桃李葱茏遍天下，累里无怨无悔”，因为“治学岂在名和利，尽瘁鞠躬只为报国情”。

赵宗仁教授：半路出家的工程价格学先驱

1963年毕业于湖北大学经济系，1963—1971年在中央财经学院工作，1971年后调入湖北大学(现中南财经政法大学前身)工作。先后担任过基本建设预算课程教学组长，工程与预算教研室主任，投资经济系主任，投资经济硕士研究生导师组长。曾兼任的社会职务有：中国工程概预算定额委员会理事、建设银行总行工程造价协会理事、中国固定资产投资建设研究会理事、《基建管理优化》理事。

赵宗仁教授长期从事建设工程价格教学、科研和社会服务活动。他提出的主要学术观点有：建设工程产品价格的确定和管理是投资管理工作的重要组成部分。按照马克思的价值理论和社会主义市场经济的要求，正确确定建设工程的价格是加强企业管理、进行经济核算的基础，是研究如何提高投资效益，加速我国现代化建设的一个重要课题。为了按照马克思的价值理论完善我国建设工程价值理论，赵宗仁教授在对影响建设工程价值的实物指标，即预算定额进行研究的同时，也对影响建设工程价格的费用标准进行了研究，并取得了一定的成果。

赵宗仁教授不仅发表过多篇有关建设工程价格及其改革的论文，而且还主编或总撰出版了有关建设工程价格的著作，例如《基本建设预算》《工程建设产品价格学》《建设工程价格与管理》《建设工程造价学》，等等。其中《基本建设预算》由中国财经出版社出版，获国家教委优秀教材奖；《建设工程价格与管理》由华中理工大学出版社出版，获中南财经大学优秀教材奖；建筑工程与预算《混凝土与钢筋混凝土工程》电视教材，获湖北省教委教材三等奖。他在这些著作和教材中，用马克思的价值理论和市场经济理论来揭示建设工程价格形成的规律，对我国由计划经济向市场经济的转型、对我国现代化的建设有一定的推动作用。

“小小猫，跳跳跳，跳到天上捉月亮”，“来来来，来上学，大家来上学”……

赵宗仁老人的声音轻快而柔和。他的思绪，仿佛回到了70多年前的小学课堂。

当年那个小学生，如今已过80高龄，从中南财经政法大学退休也有20多年了。作为“工程建设产品价格学”学术先驱，他的理论在计划经济向市场经济转型时期，推动了中国现代化的建设。

耄耋之年的赵宗仁

一

赵先生的老家在湖北枣阳，这里是汉朝光武帝刘秀的故乡，光武帝故居离他家大概只有1500米。枣阳赵氏一族，原本祖籍山西，后来迁移至河南、湖北、湖南等地，追根溯源，据说是从山西洪洞县大槐树下出来的。枣阳历史上人文鼎盛，在朝为官者有的官阶高至谏议大夫，举人、秀才也比较多。赵先生的祖辈，原本也有文化，但到了爷爷、父亲这两代，开始出现断层。他的父亲以务农为生，没有上过学。而到了赵宗仁先生这一辈，上学也不容易，一波三折，差点断送了前途。

赵先生说，他上小学这个阶段，时间比较长，正好是在中华人民共和国成立前后。

那是一个战乱的年代。此前，日本侵略军已经对枣阳进行了两次扫荡。那时赵先生还小，只记得父母说起逃难的事。他们住在丘陵地区，没有大山，就逃到村子对面的山丘里躲了一段时间。日本第三次扫荡，他是经历了。“那时日本差不多快要投降了”，赵先生回忆道，“据说日本人扫荡很近，所以我们跑到旁边的河里，到河里面躲藏了一下就回去了”。

后来又爆发内战，所以就不安定。1947 年以前，他已经读到小学四年级了，之后停学，一停就停了 5 年。他在家劳动、放牛，一直到 1952 年，镇里的小学老师下乡动员适龄的小孩上学，他这才又到学校去读了书。

停学的日子里，他家遭遇了一件事，让赵先生记了一辈子。赵先生说：“我们那个地方是属于游击区，一下子国民党来了，一下子共产党来了。解放军南下的时候，经过我们村。那时我还小，但是我记得很清楚。解放军的纪律好，我是亲身体会到的。不拿群众一针一线，到哪个地方，不干扰群众，不给群众带来麻烦。”

“有一年的冬天，大军南下要渡长江的时候，有一支部队到我们村子去了。当时我们大门不太好，有门缝，外面一喊就听见了。解放军来了后，就去喊我们家人，爸爸妈妈就起来了。有个领导大概身体不好，想吃点面条。”

“因为那个时候农村烧柴，我父亲要到外面去拿柴进来。到了堆放柴火的稻场，我父亲看到，遍地都是军队，都靠着稻草垛子睡觉，没有一个进屋的。只有生病的那一个领导和那么几个人进了屋。吃了一点面条以后，他要给钱。我妈说不要钱，说一碗面条要什么钱呢？

“当他们走了以后，妈妈发现在我们瓦罐下面，压着两块银元。”

赵先生说，解放军的纪律由此可见一斑。解放军为什么能够在老百姓当中得到拥护呢？这个故事在他的心里打下了烙印。

二

接着读小学，赵宗仁却没有碰到好的升学时机。因为他于 1953 年小学毕业，而在1952年，也就是前一年，小学升初中很容易，只要你去就行，但到1953年就麻烦了，政策有点收紧了。这一年，全县毕业生加起来可能有一千多人，当时初中却只收三百来人。这就意味着有好多人考不上。

当时的小学校长姓刘，是师范毕业的。赵宗仁考了以后，校长也很担心能不能考上。赵先生讲："原来，校长那个时候才跟我说，我的小学毕业成绩很好，是我们班里第一名，他的意思就是说，应该1952年就让我毕业，搞到1953年，要担很大的风险。"

结果，他考上了。学校的毕业生有五六十人，只考中四人，他是其中之一。回想起来，赵先生最大的印象是考试很严格。镇上的领导都要到学校去，很多人监考，校长也监考，把关把得很严。考历史的时候，刘老师监考，他是教历史的。赵宗仁第一个交卷，刘老师看到了，说："你再拿去看看。"他拿回去一看，哦，有两道题还没做！不然的话，他就得不到第一名。

最后，刘老师把他们几个学习比较好的学生叫到他家里。老师的爱人给他们做了一顿饭，吃的是汤圆。"做得很好吃，那味道我到现在还记得。"赵先生说，"老师跟我说，我考了第一名，开始还是害怕考不上，万一考不上要怎么样。"他怀念当年的老师，觉得当年师生关系极好，老师关心学生，学生也听老师的话。

那时成绩在县城发榜。学校离县城有20公里路，有一个老师专门去看榜，看看有哪些学生考上了。

赵宗仁到学校去问结果，那位看榜的老师老远就看到他了："赵宗仁你来，给我打盆洗脸水。"他一听，明白自己肯定考上了。那位老师姓杜，是少先队的辅导员，也是赵宗仁的入团介绍人。

赵先生考上的是枣阳市第一中学。这个时候，距中华人民共和国成立不过四年时间，但在这四年里，全国经济恢复得很快。

然而，风云突变。1957年"反右"，1958年"大跃进"，到了1959年，国家经济开始下滑，特别是"浮夸风"到处刮。这一年，赵宗仁23岁，高中毕业考入湖北大学（现在的湖北大学是由原"武汉师范学院"改名而来，与原湖北大学并无关系），随后卷入了时代的大潮之中。

三

1959—1961年，三年困难时期，赵宗仁是在大学度过的。他回忆说，学校的学生比较多，有原来就是干部的学生，信息比较灵通。所以，在粮食比较紧张之前，学校已知道情况了，就在外面采购了两次粮食。那时，赵先生在学校的伙食科，也参与了粮食采购。

尽管如此，情况还是起了一些变化。他说："我们采购了很多粮食，一直维持到我们修铁路的时候。从武汉到襄樊的铁路，叫汉丹线(1958年10月开工)，其中有一个埠，叫长江埠，土方是我们学校、华师，还有武汉大学的这些学生去搞的，把它堆起来的。因为搞的是劳动活，所以就敞开吃，把粮食吃空了，回来以后，都没粮食吃了。"

修汉丹铁路时，学生们去工地要先坐火车，下车后步行到那个地方。路上下雨，学校按照部队的行军要求，下雨也要走。有的城里来的学生走不了泥泞路，一走就摔跤，还要两个人扶着。到达目的地时，大家的衣服全打湿了，背包也全打湿了。学生们找到当地百姓，借火把衣物烤干。赵先生讲："只要经历了修汉丹铁路，以后就再也不怕困难了。我们以后再遇到什么困难，都觉得可以挺过去。"赵先生后来任职中央财经大学，1965年和财政部的职员一起到陕西搞"四清"，要和社员同吃、同住、同劳动，这时他就能吃得起苦了。

随着困难的加剧，学校领导仍然千方百计地让学生吃饱。但后来，不光是粮食少，副食也差，所以人的体质就差了。好多学生出现了水肿，赵宗仁也全身发肿，一按一个窝。学校医务室就开始想办法，把大红枣和黄豆一煮，煮了以后捣烂，凡是水肿的学生就发，发一点让他吃，一天吃几次，这样吃一段时间，水肿才好转过来。

赵宗仁读的是经济系财政信贷专业，属于金融。那时候，系主任提出口号，叫"指标低，瓜菜代"，用瓜菜代替，怎么办？学生劳动，开荒。除了跑道等少数地方，其他土地都开发出来，开始种菜。每一个班都有种菜任务。赵先生所在的班级，从农村来的学生比较多，劳动能力比较好，所以他们每个月都超额完成种植任务。学生们每天下午上完两节课，大概是四点以后，就是劳动时间，要挖地，要浇水，要施肥。

劳动时间虽然很多，却没有影响到学生们学习的热情。赵先生记得，教财政学的卢石泉老师，为人比较朴素，平易近人，他讲课深入浅出，很受欢迎。卢老师衣着讲究，喜欢戴一个围巾，学生们也学他的风格。卢老师讲课，学生都听得懂，记得下来。

那时，学校想得还算比较周到，不光让学生接受教育，还在生活上给予关照。贫困的学生有助学金，赵宗仁拿到了乙等助学金，每个月有 11 块钱。有些学生家庭条件比较差的，还可以借学校的被子、蚊帐。

赵先生讲："经过苦难走过来的人，即使再受苦，他也不怕了。"

四

1963 年大学毕业后，赵宗仁入职中央财经学院，校长分配他当税务科老师。然而，在中央财经学院任职的 8 年里，受到政治运动的影响，他在系里只做学习干事，收集师生教学意见，起一个桥梁作用。他说："在中央财经学院搞了 8 年，但那个时候都在运动当中过来。我 1963 年毕业，到北京顺义搞'四清'，1965 年，去陕西搞'四清'。真正的教学是，我带了一年学生的实习。"

受到政治波及的不止个人。1969 年的冬天，湖北大学也遭遇一场严重的冲击，面临被撤销的局面。1971 年 12 月，湖北大学被撤销政法专业，保留财经专业，改名为湖北财经专科学校。

这个时候，赵宗仁回来了。赵先生讲："有一个故事，湖北省委组织部认为我回来还没到哪个单位去，问我到哪个单位去，我说，我从湖北大学出来，我回到学校去。到了学校以后，我还挺受欢迎，因为那个时候学校正是低谷，没有人进来。我一进来，说实在的，大家还挺高兴。接待我的是我们原来的老系主任谭寿清。他是很有名的'货币大王'，从美国威斯康星大学经济系毕业，在学术上很有造诣。"

赵先生回到湖北，回到母校，担任财政教学工作。1973 年左右，建设银行总行领导武博山到湖北财经专科学校考察，觉得基建财务管理这方面人才特别稀缺，那个时候国家要搞大量的基本建设，需要这样的管理人才，所以希望学校建立一个新的专业。

湖北财经学院抓住机遇，立刻成立了一个10人调研小组。调研什么呢？为新的专业调研培养目标，为教学计划打下基础。赵宗仁是10人调研小组的成员之一。

调研小组分南、北方向两个组，每组5人，由学院的领导带队。赵宗仁在北方调研小组，另外四位成员是李瑞华、陈启中、郑汝铭、郭曼如。调研小组按照学校要求，到全国各地调查了很多单位。首先到北京，因为是建行总行要求开办的专业，他们先到建行总行，看他们有哪些要求，然后辽宁财经学院、天津财经学院、陕西财经学院也都去了。正好是冬天，调研小组调查了一个多月。赵先生回忆："我记得那年大概是1974年，新年我们都是外面过的。为了专业培养目标，建立一个新专业，社会上究竟需要什么人才，你得了解情况，是吧？"

所以，通过10人领导小组调研以后，他们努力把信息都收上来了，做了一个符合实际的专业培养计划。该专业首届设了两个班。从历届毕业生的就业情况来看，这个计划是适合社会需要的。因为毕业出去的学生很受欢迎，他们学的课程也很实用。比如赵先生教的工程概预算，学生走向工作岗位后反馈说："我们学的课出去都能用，我们的工程概预算，拿来我都可以编，拿来我都可以审。"有学生打电话跟他说，在襄樊实习，审查一栋待建大楼，光这一大楼，那时就省了几十万元下来。所以，建设银行甚至其他部门，都很欢迎他们的学生。

赵宗仁主持讲座

赵先生说："那个时候我们的毕业生很受欢迎，为什么？我们正儿八经是付出劳动的。学生最后跟施工企业面对面要落实，你哪个地方做得对，哪个地方做得不对，哪个地方少了，哪个地方多了，你要给它指出来。我们专业的培养计划是从社会上来的，调查了很多单位，不光是在办学校，还到实习业务部门去问他们，这些学生应该具备哪些方面的知识，懂得哪方面的知识。所以我们专业办得成功，和10人调研小组与这个专业全体教职工的努力，以及学校的考虑是分不开的。”

五

赵宗仁被抽调为10人调研小组成员之一，从财政专业转到新设的基建财务信用专业，所以，他实际上是转行的，他笑称自己是“半路出家”。

他原来是学财政金融的，但现在，完全要从头学起，为什么呢？比如说这个专业要讲到工程，工程是基础，你不会制图，起码要会识图。你不会施工，起码要懂得施工。最后才是预算，要计算楼房，不懂得楼房怎么建，怎么算？没法算。

赵先生笑言：“我那个时候比较年轻嘛，就接受了挑战。我付出了很多时间，自学了工程识图、施工，起码学了三四门课，还请教了很多老同志，比如说银行系统里搞工程的，我们经常在一起。什么叫预算定额？当时根本不懂，只能从他们那里学。就那几年花了很多工夫，不然的话，你从一个专业到另外一个专业，把它做起来，还要做得像个样，要让学生在社会上很受欢迎，不花工夫是不行的。”

那年，系里的所有老师组成了四个教研室，开始编写专业教材。其实很多老师也是刚刚接触这个新的专业，有的课程原来就有，就比较好办，比如会计课、企业管理课，拿过来就可以用，但工程预算是全新的。赵先生讲：“工程预算我认为属于基础专业课，你以后搞这个东西你必须懂。”

基础专业课，非学不可，而且要学了就能用。工程预算又叫基本建设预算，学校没有自己的教材。赵宗仁担任工程预算教研室主任，并兼课程教学组长，主持编写了这一课程的教材《基本建设预算》，成为他们第一本自编的教材。

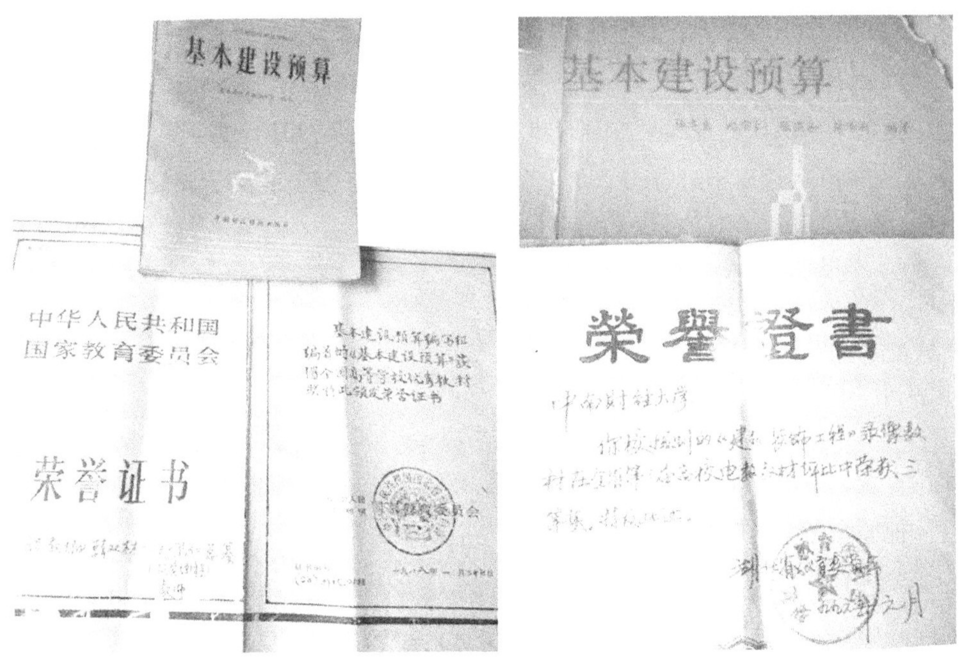

赵宗仁的荣誉证书

但对赵宗仁来说，这仅仅只是一个起步。在搞科研的过程中，他发现了一个大问题。赵先生讲：“基本建设预算没有提高到价值上来，没有把价值作为一个计算的依据。所以，国家考核效益，缺少很多东西。价格不全，价格反映不了价值。”

赵宗仁与学子

六

中华人民共和国成立后，特别是改革开放以来，国家在各个领域进行了大量的投资。但是，由于在计划经济时期，基本建设工程尚未被纳入价格管理范围，致使当时的建设工程不能反映其价值，缺乏管理基础，使不少投资项目的投资效益较差，影响了现代化建设。

为了改变这一局面，赵宗仁教授首度提出“工程建设产品价格学”这一概念。

那时，“建设工程”这个名称也很少有，以前叫“建筑工程”。有的人认为，建筑工程就是建设工程。赵先生对此的看法不一样。他说，建设工程里面有很多东西是建筑工程没有的，比如说土地使用。现在开发商没有土地，这个土地若要征用，光征用土地费就有很大一笔。现在征用价格越来越高，但那个时候还比较低，因为原有土地上的建筑物拆除费、青苗赔偿费，很多东西都没算到里面去。本来应该算进去的，却没有算进去。

赵先生讲：“在科研上面，我确实做了一些工作。从预算、编预算到工程价格学，这里面走过了很长一段路。这段路，要付出很多精力，要付出很多代价。”

预算定额是计算建筑物最根本的依据。以一面墙为例，一立方米里面要消耗多少砖，消耗多少砂浆，砂浆里面要分消耗多少石灰，消耗多少水，这是有规定的数据的。这个数据，那个时候叫平均先进水平，明确规定定额是平均先进水平。平均先进水平就是有一部分企业，搞得好的企业、比较先进的企业，可能还有点盈利，搞得比较差的就盈利不了，它的价值反映不了。赵先生看得比较多了，想得比较多了，认为价格必须要符合马克思讲的平均水平，绝对不是平均先进水平。于是，他写文章呼吁，要以预算定额作为最基本的依据，实物消化指标反映的应该是平均水平，而不是平均先进水平。这是其一。

其二，费用标准。什么费用？就是除了实物消化指标之外，施工企业管理人员的开支，以及公司的消耗，这部分费用叫施工企业管理费，对于这部分费用的预算也不能搞平均先进水平。为论证此问题，赵先生就从预算的组成要素，一个一个地探讨。

其三，就是价格。价格是反映社会平均劳动水平的。工程建设产品价格，要把工程建设里面所涉及的人力、物力、财力这个价格也反映出来，过去的预算它是没有反映出来的，缺少一部分，价格不全，不真实。

赵先生在这三个方面进行研究，编纂了《工程建设产品价格学》《建设工程价格与管理》《建设工程造价学》系列著作。这对企业实现价值，对国家计算投资最后的效益，起到了一定的引导作用。

《建设工程造价学》和《建设工程价格与管理》

赵宗仁先生讲："从局部到整体，从预算到工程价格，价格要素的一个个论证，到总体把它搞全，我觉得我这一段时间不说很大的功劳，起码做到了付出。所以，科研搞一个东西出来，你不下工夫是不行的，光有灵感不行，还有一定的劳动付出。"

他勉励年轻一代，不管做什么行业，做什么事，都要认真去做，你只要认真去做，就会出来成果，就能够为国家和人民作出贡献。

赵宗仁与同事及学子合影

赵宗仁致贺词

陈柏东教授：房地产学科的开拓者和建设者

陈柏东教授是我国投资与房地产教学与研究领域的一流学者，为我国房地产学科的建设倾注了大量的心血，为中南财经政法大学房地产本科专业的建设和研究生的培养作出了贡献，是房地产学科的奠基人、开拓者和带头人。他提出了“住宅二重属性论”“土地商品外壳论”“土地价格双重决定论”等有重大影响的理论观点。

湖北财经学院基建系应邀参加调研，系主任带队组织四人小组(其余三人为陈启中教授、李昌清教授、张燕和教授，都是陈柏东的老师)。陈柏东参加了专项调研工作，提出研究报告，并形成《论城市综合开发住宅价格的确定》等九篇论文，以四人名义发表，当时，学界有湖财“四人帮”的戏说。随后，住宅问题成为陈柏东的一个重点研究方向。1985 年至 1987 年，他以个人名义公开发表了“城市综合开发”论文 5 篇，并在有关专著中写作《城市综合开发》章节。陈柏东教授应邀参加《三峡移民工矿企业资产补偿投资评估办法》和《实施细则》的讨论，在 1992 年至 1994 年，他利用寒暑假，参加评估试点工作，为开设房地产估价课程奠定了实践基础。

陈柏东教授在 1995 年担任房地产硕士研究生导师组长，1996 年元月任中南财经大学投资系主任，1999 年任中南财经大学成人教育学院院长兼书记，2000 年任中南财经政法大学成人教育学院院长，2005 年任金融学院分党委书记、副院长，2006 年筹备组建中南财经政法大学资产经营公司，剥离学校经营性资产，任公司总经理。在他担任中南财经大学投资系主任期间，学校建成了全国高校第一个投资学博士点，张中华教授为博士生导师；学校建成了全国一流的本硕博一条龙人才培养的房地产学科，尤其是最早开展了房地产教研。

陈柏东教授是我国投资与房地产教学与研究领域的一流学者，为我国房地产学科的建设倾注了大量的心血，为中南财经政法大学房地产本科专业的建设和研究生的培养作出了贡献，是房地产学科的奠基人、开拓者和带头人。他提出了“住宅二重属性论”“土地商品外壳论”“土地价格双重决定论”等有重大影响的理论观点。

成长的足迹

陈柏东先生的老家在武汉市黄陂区木兰湖乡，那里是老苏区。祖父辈兄弟二人参加了鄂豫皖闹革命而献身。

父亲于中华人民共和国成立后入党，为人正直，克己奉公，1950 年拿出祖上的宅基地建小学，名谢家田小学。校舍只有两间教室、一间办公室，于 1952 年建成投入使用。那时，还没有成立合作社。

1954 年冬天，陈柏东出生。1961 年发蒙，就读谢家田小学。老师只有一人，只有左手，是教过老书的陈星伍先生。学生有一、二两个年级，复式班，只有语文、算术两科。老师采用传统的教育方式，即：识字、读书、背书、写字、数数、玩算盘。天蒙蒙亮，学生就开始上早学读书、背书。先生可以体罚学生，不听话、不会背书等，轻者当堂罚站，重者鞭笞。比较调皮的孩子坐第一排，只要第一排有学生犯错，他就将第一排的同学用教鞭打遍。学生受罚，一般不敢回家说，因为家长知道了，要去学校向先生赔礼道歉。那真叫师道尊严。同学们背地里称他为“只手先生”。

1963 年，学校开设小学三级，老先生叫来黄陂三中初中毕业的女儿帮忙教算术；1964 年开设四年级，又请了邻村一位高中毕业生来帮忙教学，增加了地理和自然课。

1966 年，“文化大革命”爆发，陈柏东只好到高楼小学念书，五年级只读了半年。失学的三年多时间，他回生产队放牛、劳动，每月 80 个工分，10 分的分值约 0. 3—0. 4 元。放牛时间分为早中晚三段，早上天不亮起来，到八点半左右，中午 11 点半到下午两点左右，晚上六点半到八点半左右。这使他养成了一辈子早起、不睡懒觉的习惯。

1969年春，陈柏东上铁厂学校直接读初中一年级。1970—1972年，他在柿子中学读初二和高中(现在是柿子小学，那两间学校已经没有了)。他读小学时的学费书费是1.5元，初中2.5元，但他因为是烈属家庭，所以学杂费全免。读中学的四年里，寒暑假、星期天，他都参加生产队里的劳动。

1978年3月，陈柏东考上湖北财经学院，学校没有收学费、住房费等，另外还有14元生活费和零花钱3元。

陈柏东教授说，学校文泉楼上有一段话："大学之道……"在父亲弥留之际，他念给父亲听，老人家接了上来："在止于至善……物有本末，事有终始，知所先后，则近道矣！"这竟成了老人的遗言。

他说，他能读书，能有今天，感恩国家，感恩党和政府，感恩父母，感恩所有的老师。

怀念读书的日子

陈柏东教授说：他非常怀念读书的日子。

小学一至四年级，语文课，由陈星伍先生教授，八册语文课本，他都从头到尾背过。他的初一语文课本，是一本毛主席论教育革命的小册子。他初二、高中三年，基本上是在建校中度过的。那时，主张高中生读马列的六本书，他抄了《共产党宣言》和《哥达纲领批判》，受益不小。

有几位好老师，开拓了他的视野。语文老师名常人，他从武汉市下放到黄陂县再到塔尔乡中学，最后到乡下偏僻的柿子中学教书。

常老师阅历非常丰富，博学多才，在建校挑沙搬砖之余，甚至放学之后，给他们几个同学讲鲁迅诗歌、小说、散文。后来，他们所谓的学生骨干，被书记兼校长找去谈话，要与他保持距离。陈柏东和同村的另一位同学，因都出生于烈属家庭，还常常与常人老师保持联系，直到常老师调回武汉、陈柏东评了教授之后。

在高二，常老师给他们讲汉语拼音，如何查《新华字典》《四角号码字典》。那时可读之物很少，加之"读书无用论"盛行，常人老师说：开卷有益，无论是什么，只要上面有字，拿去就看，看就把它看完。这让陈柏东受益终身，增强了求知欲望。

数学老师名陈福育，1963 年考入武汉大学数学系，数学教得好。陈柏东借看过陈老师的一本《数学史》，是苏联人写的。1977 年高考填志愿，他也受益于陈老师的指导。陈福育老师后来调去黄陂三中当校长，陈柏东的弟妹能上大学接受高等教育，也得益于陈老师的恩泽。

1978 年 3 月，陈柏东就读湖北财经学院。当时，全校招 270 人，基建专业有学生近百名。入校时所在系叫计财系，系主任是“货币大王”谭寿清教授，后任湖北财经学院主管科研的副院长。财政、金融、计划、基建、统计都在该系。1977 级基建招生，1978 级财政招生，1979 级金融招生，后各专业分别设系。

那个时候，同学们有读书“饥渴症”，拼命地读书，跟学校提意见最多的是：晚上熄灯早了，教室关门要推迟。

有老教授讲，胡适主张一书主义。陈柏东暗自下决心，写不了一本书，但一定要读好一本书。他喜欢政治经济学课程，于是选定读《资本论》，每天读二十页，做读书笔记。大学三年半，他通读了一遍三卷本 2600 多页的《资本论》。毕业留校任教，领了第一份工资后，陈柏东于 1982 年 2 月花 6.4 元买了一套三卷本《资本论》。随后，又跟着研究生选修了资本论课程一年半。后来，陈柏东又读了当时所有流行的政治经济学书籍，包括萨缪尔森《经济学》第五版、《中等经济分析》、厉以宁的《西方经济学》——他现在手头有萨氏第十六版双文及中文版。

陈柏东教授说，这四十多年，他其实就只读了两部半书，一部是《资本论》，是他教学、搞科研的基石，也使他有了首开国际投资和房地产两门课程的底气；一部是《红楼梦》，他读完了所有古本和流行本子，这主要受毛主席要将帅们读红楼梦的影响，这也成了他的业余爱好；一部《史记》看了一遍抄了一遍，还没细读，只能算半部，这是他与衰老抗战的武器。

他说，读书真的是一件苦而甜的事情。

陈柏东教授说，我们生活在一个伟大的古老文明国度，我们工作在一个伟大的变革时期，教书之人，唯有不断学习，方能与时俱进。要向书本学习，也要向社会学习。社会科学，搞研究要立足于社会，服务于社会。

20 世纪 90 年代末，雷仲篪老教授退休，他不要 300 元的退休纪念品，一定要当系主任的陈柏东写两句话。那两句话是：“教之以理导之以德学道乐道足为师矣，授而不厌诲而不倦做人立人堪作表焉。”

陈柏东在书房

栀子花开在草塘旁
她吸收了月光的皎洁
她吐露着旷野的芬芳

金银花爬到了树杪子上
她用银色迎接朝阳
她拿金色陪伴月亮

石榴花开在短墙旁
她的炽热如同太阳

陈柏东 录撰

陈柏东随笔

雷教授请书法家着墨，挂于中堂。陈柏东教授说：这两句话，也是他对教师职业的基本理解。

开拓房地产学科，首先得益于国家的改革开放。1983 年，中国进行住房制度改革试点。国家选定四个试点城市：四平、常州、郑州、沙市。沙市试点小区名洪垸小区，成立了专门的开发公司，实行综合开发配套建设，推行三个“三分之一”出售，即国家、单位、个人，各出三分之一。

洪垸小区住宅出售遇到了一些难题：如何出售？以什么单位计量？按什么价格？更有深层次的产权问题。

湖北财经学院基建系应邀参加调研，系主任带队组织四人小组(其余三人为陈启中教授、李昌清教授、张燕和教授，都是陈柏东的老师)。陈柏东参加了专项调研工作，提出研究报告，并形成《论城市综合开发住宅价格的确定》等九篇论文，以四人名义发表，当时，学界有湖财“四人帮”的戏说。

随后，住宅问题成为陈柏东的一个重点研究方向。1985 年至 1987 年，他以个人名义公开发表了有关“城市综合开发”的论文 5 篇，并在有关专著中写作《城市综合开发》章节。

20 世纪八九十年代，以武汉市房地产局为根据地，成立了武大、华工、华师、财大、江汉论坛等学者为骨干的房地产学会，在全国有重大影响。到 1986 年，全国各地成立了“城市房屋综合开发公司”36 家，这是我国房地产业的先导。1988 年，中南财经大学(中南财经政法大学前身)成为全国首开“房地产经营管理”专业并招本科生的四所大学之一。1998 年住房制度改革，国务院终止单位建房，终止福利分房，推行住房分配货币化。2005 年才彻底推行“招、拍、挂”，终止商业性用地的划拨和协议方式。

陈柏东教授说，向社会学习是他写成《房地产估价》的基础。20 世纪 90 年代，三峡工程建设被提上日程。他应邀参加《三峡移民工矿企业资产补偿投资评估办法》和《实施细则》的讨论，1992 年至 1994 年，他利用寒暑假参加了评估试点工作，为开设房地产估价课程奠定了实践基础。

陈柏东教授说，他的教学研究过程及教书人生，说好听一点，叫与时俱进，说实在点，是做铺路的石头与矿渣。1982 年 1 月留校以来，所在系名经历了基建财务系—基建经济系—投资经济系，到财政金融学院下的投资系，再到金融学院下的投资系的变更阶段，机构改革对教师个人的影响在其次，专业调整却是非常令人头疼的事情。

陈柏东近照

陈柏东教授说，他的教学科研重点轨迹是：基本建设经济学——国际投资学(后由聂名华教授接手)——投资经济学(前辈有彭崇熙、李昌清教授，陈世荣、吴昌腾副教授；侪辈有张中华、聂名华、谢进城、张东教授)——房地产经济——房地产估价——房地产金融——房地产经营管理(后有雷仲篪教授出书并主讲)等。中国高等教育改革与专业调整，以及学校的机构改革，无奈放弃自己从事多年的教学研究方向，是一件非常痛苦的事情。在1994年公开发表了《论国际投资的起源发展机遇挑战》一文，1999年发表《论投资新思维》一文之后，陈柏东教授不再讲授国际投资、投资学课程，不再写这个方面的文章，也不再关注这方面的任何理论与实际问题，而专注于房地产领域。学校房地产的新课，都是他先开的。没有资料，摸索的艰辛真是一言难尽。

陈柏东教授说，不能一心一意做一件事，而是像万金油一样，也是不好过的。1995 年，他担任房地产硕士研究生导师组长，1996 年元月，任中南财经大学投资系主任，1999 年任中南财经大学成人教育学院院长兼书记，2000 年任中南财经政法大学成人教育学院院长，2005 年任金融学院分党委书记、副院长，2006 年筹备组建中南财经政法大学资产经营公司，剥离学校经营性资产，任公司总经理。2008 年，当终于不再有任何行政职务时，可惜人也老了。

陈柏东教授表示，非常值得欣慰的是，在他担任中南财经大学投资系主任期间，学校建成了全国高校第一个投资学博士点，张中华教授为博士生导师，并有博士毕业；学校建成了全国一流的本硕博一条龙人才培养的房地产学科，尤其是最早开展了房地产教研，由张东教授主攻房地产方向，培养了全国一流的房地产经济专业师资队伍，也算有一点慰藉。

陈柏东与家人

陈柏东教授认为自己的学术成果不过是三年一本书加几篇文章：

《基本建设经济学》(1989 年，副主编)、《基本建设投资管理》(1991 年，主编)、《投资经济学》(1993 年，财政部统编教材重要作者和组织者)、《房地产经济学》(1996年，主编)、《房地产估价》(1999年，个人专著)、《房地产金融》(2001年，主编)、《中国当代土地制度改革方略》(2003年，专著)等。此外，还有一些专题研究报告。在房地产方向，论文主要有：《论住宅的二重属性》《土地商品外壳论》《城市土地价格双重决定论》《论地价》《房地产市场宏观调控的理性思维》《房地产经济学》等。

陈柏东的主要学术观点包括两方面。

一是关于住宅二重属性的观点。

在我国，住宅是特殊商品，具有商品性和福利性两种属性。这一观点的理论基础是马克思列宁主义，参阅马克思的《资本论》、恩格斯的《论住宅问题》、列宁的《帝国主义论》《论土地国有化》等文献。其实践基础是我国实行土地公有制。

具体说来：住宅价值大，使用期长，依附公有土地之上，且是关系国计民生的、人们须臾不可或缺的生存资料、发展资料和享乐资料。在社会主义商品经济条件下，住宅既不能由政府包下，也不可能实行地地道道彻头彻尾的商品化。住宅可以按商品经济的规则进行生产和流通，这是住宅的商品属性。只要存在土地公有制，只要土地所有权退出市场，政府和集体经济组织，取之于民，又用之于民，而不像资本社会那样土地私有化，取之于民，用之于己，就存在住宅福利性的经济基础和前提条件。住宅关联社会，属于社会的问题，只能由社会来解决。就是在当前中国特色社会主义市场经济条件下，住宅依附的土地仍然是有偿有期限使用，进入市场的是土地使用权。土地不是地地道道的商品；住宅的福利性在国家企事业单位，仍然普遍存在。

二是关于“土地商品外壳论”与地价的观点。

20世纪90年代初，关于土地是不是商品，有两种观点。其中一种是马克思主义的观点，即马克思以劳动价值论为基础定义商品，强调商品是用来进行交换的劳动产品，天然的土地不是商品，没有价值，但有价格。西方经济学以效用和稀缺性定义商品。坚持马克思主义，必须坚持劳动价值论，区分私人劳动和社会劳动，有效劳动和无效劳动，生产性劳动与非生产性劳动。这些马克思主义的常识，被一些学者庸俗化了。

其实，关于这个观点争论的要害是：国有土地能不能买卖，买卖的是什么？

我国的房地产市场，从划拨用地，到协议用地，再到招拍挂，本质上仍然限定在土地的使用权的范围内。原建设用地的土地补偿费，其实是土地劳动投入成本的赔偿。

陈柏东认为，天然的土地不是劳动产品，不是商品。但是它有价格，只要有一个土地所有者，土地就穿上了“商品的外衣”，能参与社会商品的生产与流通。1996年，在中国西部学术大会上，陈柏东作了名为《城市土地价格双重决定论》的演讲，提交的论文被评为一等奖；1996年，香港大学亚洲房地产学会年会上，其作的《土地价格的双重确定》演讲引起了学界的关注。

2003年，《论地价》则是联系实际、重温《资本论》第三卷对地价的现实性求解。他在文章中指出：土地的价格，由土地的垄断和劳动价值共同决定。土地的垄断性，由土地的所有制和位置构成。土地的价值由人类的劳动创造，且人类劳动能够改造土地的位置。只要有土地所有者存在，土地使用者就要缴纳地租这个“贡赋”。

陈柏东提出这样的问题：为什么城市土地比农村土地具有更高的价格？为什么市中心比市郊、繁华地段比偏僻地段的地价更高，通常的回答是：前者具有更高的生产力。进一步提问：为什么前者具有较高的生产力？回答是：除了天然因素之外，最根本的原因是城市、市中心、繁华地段上，人类投入的劳动多，积累的社会劳动量多(包括物化劳动和活劳动)。离开了人类劳动的大量积累，市中心、繁华地段就无法形成，城市也无法存在。他笑着说：当今的鬼城鬼村的出现，从反方向为此作了证明。

陈柏东教授对城市地段繁华程度，提出了判别标准。他指出，人口密度，建筑密度，收益率，这三个指标是划分城市土地等级的依据(见《房地产经济学》，1996、《房地产估价》，1999)，进而是确定地价的依据。他说，基础设施的投入程度，是城市地段繁华与否的重要因素。他指出：水电气系统、道路系统、通信邮电系统、信息传播系统、园林绿化系统，文化教育、医疗卫生设施，生产生活服务设施等，并不一定依附于地块之上，但与地块的主导使用功能关联，其价值会进行分摊，构成土地价格的组成部分，进而影响地价的高低。他笑说中国城市的学区房价，给人太多的想象。

2010年以后，陈柏东教授基本上不再写专业文章，重点是对教育人生的思考、感悟。最近十年他苦读《红楼梦》和《史记》，述有百余万字心得，取名《红楼悟》，打印版存于学院图书馆，献给学院七秩华诞，献给他的同事和同学们。

《红楼悟》

他说，忠于教育，就是忠于儿童、忠于青年、忠于人民，也就是忠于未来。梁晓声说："教育二字，令我们视而目肃，读而声庄，书而神端，谈而切切复切切！"读书人当理直气和，永远不要有怀才不遇之感。教师当有学而不厌、诲而不倦、教书育人之责，有宽阔的对己、对人、对家、对国的情怀。

他留言共勉：

以絜矩之道修身，则品日清高。

以穹隆之量容人，则德日广大。

以衔泥之累持家，则家业日上。

以课蜜之工利国，则国运昌隆。

张中华教授：保持学者本色

张中华教授1978年考入湖北财经学院，先后于1982年和1985年获得学士和硕士学位，1991年获得博士学位。毕业后，他回到中南财经政法大学任教，曾任中南财经政法大学党委书记，兼任教育部经济学科教学指导委员会会员、教育部管理科学部委员、中国财政学会常务理事、湖北省社会科学联合会副主席、中国投资研究中心主任等职。

张中华教授是中国知名的投资经济学者。32岁时，他成为国内固定资产投资方向的第一位博士。36岁时，领衔申报中南财经大学投资经济博士学位授权点并获得成功，并被评为博士生导师。他长期致力于投资学的教学和研究，对投资学进行了大胆的创新，研究成果处于国内领先水平。他在《经济研究》等权威学术刊物上发表论文，出版了《固定资产投资与财政分配》等专著，并承担了国家社会科学基金项目。张中华编写的教材《投资学》，2017年出版了第4版，是普通高等教育“十五”“十一五”“十二五”国家级规划教材，从第1版算起，这本教材历经了15年，但至今仍保持鲜活的生命力。

1994年，张中华破格晋升为教授，1996年被评为博士生导师。在个人荣誉这一块，张中华教授于1999年被评为国务院政府特殊津贴专家，并成为国家跨世纪百千万人才工程(第二层次)人选；1998年，获湖北省十大杰出青年称号；1997年，获霍英东教育基金会青年教师基金资助；1996年，获湖北省有突出贡献的中青年专家称号。

张中华教授是中国知名的投资经济学者。32岁时，他成为国内固定资产投资方向的第一位博士。36岁时，领衔申报中南财经大学投资经济博士学位授权点并获得成功，并被评为博士生导师。他长期致力于投资学的教学和研究，对投资学进行了大胆的创新，研究成果处于国内领先水平。

青年时期的张中华

一

张中华5岁多上小学，不到16岁就已高中毕业。高中毕业后，他进入了公社的创业队，在长江大堤边上植树、垦荒。由于张中华比较小，派给他的活儿都比较轻。他主要负责守望，不让牛破坏树苗，不让人来偷粮食。

他大量的时间用来看书，还开始写作，给文学杂志投稿。结果，稿件被退回来了。退到哪里了呢？江南大队的小学。

学校见是杂志社寄来的信，拆开一看，发现有人还能写小说，是个人才，便把张中华招到学校当老师。这是1975年的事，小张老师的年纪，还和有些学生年纪差不多。

张中华有强烈的求知欲，趁着教学，认真读书。不懂就查字典、翻资料，向其他老教师请教。他还参加公社组织的培训学习，如数学、语文培训。

大队学校设有初中部。张中华教过四年级，也教过初一、初二的学生。教学当中，他深切感受到自己知识的不足。

恰逢1977年恢复高考。张中华便开始积极备考。其他同龄或比他大的青年，有的成了家，有的整天干农活，没有闲暇时间复习，与他们相比，张东华比较幸运，因为他教书，有的是学习时间。

考试那天，好多人进考场以后，不久就交卷了。最后，考场只剩下两人：一个是张中华，另一个大概是一位三十多岁的老师。

张中华自信一定能够考上。果然，他很快收到了入学通知书。

入学通知书来自湖北财经学院，专业是基建经济。基本建设是干什么的？谁也说不清楚，想想大概就是建房子、修路这些事。

不管怎么样，能够上大学了，总是好事。

二

张中华上大学时，才 18 岁多一点。学校条件比较艰苦，但是，学习气氛很浓。

他经常早早地起来，跑到图书馆占个位置，在那个地方，一学一上午，一学一下午，一学一晚上。

那是整个社会处于人才青黄不接的时代，学生们思考的空间很大，有大把的时间自主学习。大家的兴趣五花八门，张中华也不局限于专业。大学本科阶段，他阅读了大量书籍和文献，积累起了丰富的学识。

当时，学校投资系叫基本建设经济系，1981 年获得国家授权招收硕士研究生。当年，张中华从得到通知，到参加考试，只有两个月的时间。张中华想做学问，而且又有根底，所以便很顺利地考取了本校的硕士，师从彭崇熙教授。当时，湖北财经学院一共才 17 个硕士，许多课程都是在一起学习。

他们除了专业课外，还上哲学、经济学课程。其中资本论课程开了三个学期，由郭慧珍、沈伊利两位教授主讲。教授们认认真真地讲原著，一句话一句话地抠，有时候，书中的一句话要讲解半天。

有一次，学校聘请中国人民大学的一位教授作学术报告，也讲《资本论》。一个晚上就讲《资本论》中的一句话：从手推磨到蒸汽机。那个时候，社会上正在热议第三次技术革命浪潮。

那位教授首先讲，手推磨最初产生在哪个国家？古希腊。从古希腊怎么到了古罗马，后来又怎么到了欧洲？是因为十字军打仗。打仗的时候，要背粮食，而粮食要加工，加工就要用到手推磨。手推磨得随军带着。手推磨怎么又变成了钟表？手推磨的轮盘转动，上面和下面两部分相互作用。钟表就变成一个直面，两块齿轮咬合、互动。然后有了水车，水车两块是纵横相交的，随后改变了动力，就演化出了蒸汽机。蒸汽机带来了技术革命。生产工具的变革，怎么引起整个社会的变革？《资本论》就是这么讲的。他扎实、有力的考证，把事物的发展过程、发展脉络、内在逻辑联系，都揭示得清清楚楚。

这场报告，给张中华留下了极为深刻的印象。他意识到，资本论这门课的教学不仅仅是学习马克思的理论、观点，而是真正实实在在地学马克思的分析方法。《资本论》有完整的体系，第一卷讲生产，第二卷讲流通，第三卷讲分配，逻辑体系非常严密。后来，他做博士论文，以及指导学生做博士论文，讲究的都是怎么构造自己的思想体系或者逻辑体系，在逻辑上怎么自圆其说。这种思维的训练和方法的训练，他认为非常重要。

那时，学校很有影响的一位老师，学校第一位孙冶方经济学奖获得者——张寄涛教授，当时主讲一门课，专门介绍东欧社会主义经济学家的理论，让学生对传统的社会主义有了一个比较深刻的认识。他讲理论不仅仅是讲理论本身，而是讲理论前提，理论的假设条件。他的思维，在一般人的基础之上，变得更加深邃，更加深刻。这个理论是什么？以什么为前提？前提能不能够成立？如果不能成立，那就需要对这个理论进行发展或者补充，甚至颠覆。

张寄涛教授的思维方式，对张中华影响很大。

1985 年，张中华硕士毕业。学校需要补充师资力量，于是就把他留了下来。

当时，正处在改革开放的初期阶段，破旧立新，很多问题需要研究，比如投资规模、投资结构、投资布局的问题。所以，教学之外，张中华还致力于科学研究。

那时的学术交流氛围比较好，年轻学者之间，相互切磋，取长补短。

张中华住在中南财经政法大学首义校区 48 号平房，房子在图书馆和食堂的边上。青年学者们吃着饭，跑到 48 号平房，你串到我这里，我串到你那儿，端着饭碗讨论学术问题。大家总是处于激动和不安之中：国家体制改革怎么改？怎么发展？经济形势怎么判断？此时特别需要各种各样的声音。他们经常讨论得非常热烈，各种不同观点互相交锋。

三

财政部财政科学研究所（现为财政科学研究院）的陶增骥老师，那时是学校聘请的教授，每年都来讲学。

有一次，他讲道："固定资产投资是一个大权，因为涉及国民经济的方方面面，国家一定要加以严格地调控。"

张中华就提了一个问题："现在不是要扩大企业自主权吗？按照您的说法，主要是扩大生产自主权。生产自主权要扩大的话，就要增加新的设备，进行设备的技术改造。可是没有投资权，怎么实现生产自主权呢？"

陶增骥说，这是一个好问题，并鼓励张中华继续思考。回到财政所以后，他跟学生说，中南财经大学的学生特别喜欢思考问题。

张中华听闻以后，很受鼓舞，于是，1987 年，就拜在了陶教授门下读博士。

财政所的思想观念，应该说比较正统，甚至在学界被认为比较保守。但它有一个好处，就是理论联系实际。张中华读博期间，在财政部实习过，在广东省对预算外资金使用情况进行过调研，到徐州、上海也做过调研，实习的机会比较多。另外还有一个好处是，学生买来新书，看完以后，把书交给图书馆，就可以报销。所以，当时市面上的新书，张中华都可以买来读。他从亚当·斯密开始读起，然后是凯恩斯的理论，由此可见，他很多时间都用于读经典原著。

张中华是陶增骥教授的第一个博士。陶教授本身治学很严，对这个开门弟子管得也非常严，精益求精。

张中华博士毕业论文答辩时，整整一个上午，就他一人答辩。有一位教授提了十几个问题。有的问题超出论文的范围，比如：马克思在《资本论》第几卷第几页、就一个什么问题进行了论述，你对这个问题是怎么看的？只要他想问的，跟他认为有关系的，都问。张中华一一作答。

读博期间，张中华受到严格的学术训练。毕业以后，再回到中南财经政法大学，就是厚积薄发了。他在《经济研究》等权威学术刊物上发表论文，出版了《固定资产投资与财政分配》等专著，并拿到了国家社会科学基金项目。

1994 年，张中华破格晋升为教授，1996 年被评为博士生导师。

四

多年的求学、治学，张中华教授始终如一，笃守学者本色。

他在思考大学教育和学科发展的问题时说："与其过分地关注未来的变化，不如我们很好地思考一下未来哪些是不变的。"

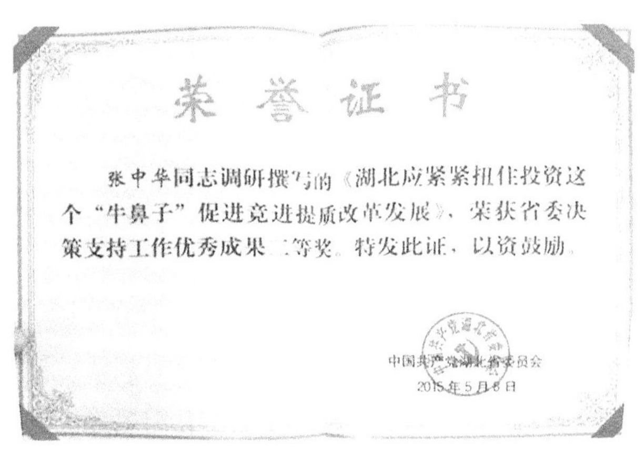
荣誉证书

张中华同志调研撰写的《湖北应紧紧扭住投资这个"牛鼻子"促进竞进提质改革发展》，荣获省委决策支持工作优秀成果二等奖。特发此证，以资鼓励。

中国共产党湖北省委员会
2015年5月8日

张中华的荣誉证书

第一个，"无论未来如何变化，学者的本色是不该变的"。"博学之，审问之，慎思之，明辨之，笃行之"——要把读书、写作，作为自己的一种习惯，一种生活的常态，一种不可或缺的东西。学者本色，是他最为看重的一点。

第二个不该改变的，是家国情怀。

张中华教授认为，自古以来，成大事者都是有着浓烈家国情怀的人，以兼济天下苍生为己任。如今，大量的时代课题没有现成的答案，需要大家去研究，需要大家去回答，需要大家贡献中国的智慧、中国的方案。怎样回应时代的呼唤，回应国家的需要，是一个学者应该考量的问题。

张中华读研究生时，包括留校期间，并没有谁要求发表多少篇论文。鼓励他们的是什么呢？一方面是兴趣，另外一方面是当时社会的需要——时代呼唤。

因为刚刚改革开放，大量的新思想被介绍到中国来，涌现到中国来。年轻人非常关注中国的未来该怎么走；改革开放改向何处去；投资体制到底该怎么改；

投资规模压缩、膨胀是什么原因；有什么好的办法既能好好地治理投资膨胀，又能够促进经济快速发展。有很多的问题，需要他们去思考。

在中南财经政法大学首义校区的 48 号平房里，大家聚在一起，都对这样一些问题有兴趣，都在思考这样一些问题。所以，大家不约而同，很容易找到共同话题来讨论。讨论以后，有了心得体会，有了一种“天下兴亡、匹夫有责”的那种感应，有了一种按捺不住的冲动，希望把它表达出来。于是大家就开始写文章。

张中华回想，自己之所以写作，之所以去做课题，完全就是来自这样一种冲动，“以天下为己任”。

第三个不该改变的，是理性平和。

张中华认为，钻研学问，是要透过事物的现象揭示其本质，从而把握事物运动的规律，需要秉持历史的观点和辩证的观点，保持理性平和，主观、狭隘、偏执，都是不可取的。做学问就是慢工细活，追求客观真理。你选择什么问题进行研究？你提出什么样的政策建议？你怎样客观地历史地辩证地看问题？能不能够得出经得起时代检验的一些结论？

张中华编写的教材《投资学》，2017 年出版了第 4 版，是普通高等教育“十五”“十一五”“十二五”国家级规划教材。若从第 1 版算起，这本教材历经了 15 年，但至今仍保持着鲜活的生命力。

传统中国的投资学，是研究产业投资，或者说研究固定资产投资，不研究证券投资。西方的投资学，研究证券投资，而不研究固定资产投资。实体经济和虚拟经济，或者说实体经济和货币经济是相互脱节的。张中华则把两者统一起来加以研究，探讨两者的内在联系和规律性，撰写出了有别于其他《投资学》的一部教材。

张中华教授说，教材的建设要有科学性，思考的问题要以前期大量的研究为基础。

他从本科学习开始，都在思考投资学的问题，一直有所积累。走上投资学的讲台之后，他开始系统思考投资的体制、投资的规模、投资的结构、投资区域配置与宏观管理等问题。

投资结构很少有人研究，连投资结构的内涵是什么、投资结构包括哪些内容，都没有系统的专著对其进行阐述。张中华比较早地思考了这些问题。投资区域配置也是如此。在当时的教材里，投资区域配置是投资计划当中的一个小问题，短短几句话，张中华把它变成独立的问题，加以延展，加以深入研究，探寻投资区域配置的运动规律。

因此，《投资学》后来成书，是在前期大量研究的基础上，加以梳理、表述，加以体系化而成的。

不仅如此，张中华也广泛吸收前人的成果，把相关知识系统地加以介绍。比如证券投资，资本资产定价模型、套利定价模型，经过多年的发展与积累，有多个经济学家因此研究获得诺贝尔经济学奖，这些前人的优秀成果，他会加以大量吸收。另外一方面，他也结合中国的实际，深入细致地思考。所以，这本教材很有科学性，而且具有实用价值，经得起时代的检验。

张中华教授说，如果思考的问题没有接触到事物的本质，就会得出错误的甚至相反的结论，社会科学为什么需要理性地观察，需要辩证地思考，需要历史地分析，需要跟随时代的进步而前行，不断创新理念，道理也在这里。

第四个不该改变的，是淡泊宁静，“淡泊以明志，宁静以致远”。

张中华教授充分理解现在的学者压力大，特别是年轻老师，要评职称，要养家糊口，竞争越来越激烈，成果要求越来越高，外面的诱惑也很多。但他认为，“学需静也，非静无以成学”，学者就是要静心，坐得了冷板凳，能够挡住各种各样的诱惑。这样，才能够真正把精力都集中到学问上面。

张中华教授提倡的四个“不该改变”，不仅是他自身的写照，更是他多年求学、治学的宝贵经验和智慧结晶。

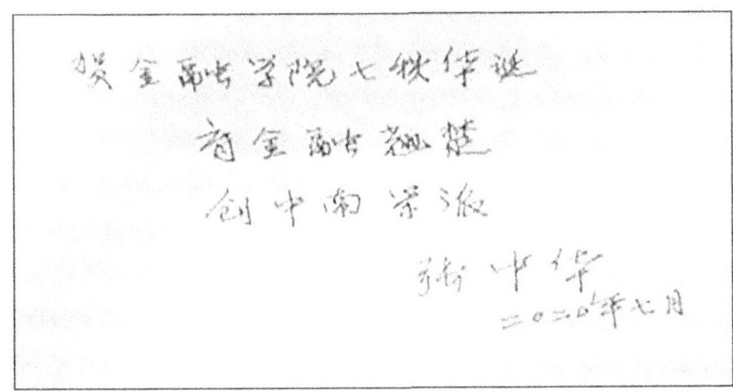

张中华寄语母校

聂名华教授：越努力越幸运的人生哲学

聂名华教授，湖北武汉人，中共党员。1982年、1985年、2000年先后获中南财经大学经济学学士、经济学硕士和管理学博士学位。1985年硕士毕业后留校任教，曾任中南财经政法大学任投资系主任，现任中南财经政法大学博士生导师，中国基建优化研究会理事、湖北省国际经贸学会常务理事、湖北省金融学会理事。

从20世纪90年代至今，聂名华连续申报成功并主持完成了三个国家社科基金项目，包括“我国境外投资的监督、运用和管理方式研究”“我国企业应对跨国并购投资的战略与政策研究”“中国外商直接投资的区位选择与优化配置研究”，这个频次和数量，在整个学院、学校乃至华中地区高校中，都属于凤毛麟角。他主持完成的第一个国家社科基金课题，在我国境外投资的理论依据、发展模式、区位选择、行业战略、主体培育、管理体制和政策立法等方面提出了许多新见解，被全国哲学社会科学《成果要报》以《我国境外投资发展战略与有效监管的新思路》为题，对其作了详细的介绍，并报送党和国家领导人决策参考，受到国家有关部门的高度重视。2015年他主持完成了国家社科基金项目“中国外商直接投资的区位选择与优化配置研究”，其成果结项被专家评为“优秀”档次，其研究报告由中国财政经济出版社出版，并获得“安子介国际贸易研究优秀著作奖”，这是当今国际贸易研究领域的最高奖项。

在《国外社会科学》《统计研究》《财贸经济》《经济学动态》《数量经济技术经济研究》等期刊上发表了200多篇学术论文，他的高产令人咋舌。其中多篇论文被转载、摘登或入选全国性学术会议，多次荣获湖北省和武汉市社会科学优秀成果奖、中国国际贸易学会优秀论文奖、中国基建优化研究会优秀成果奖等。同时，他还承担了繁重的本科和研究生教学任务，教学工作量往往达到学校规定工作量的2—3倍，教学质量受到学生的好评。由于科研与教学成果突出，聂教授先后被评为湖北省高教系统优秀共产党员、湖北省中青年学科带头人，获准享受湖北省政府专项津贴，还被评为湖北省新世纪高层次人才工程第二层次人选。

2019年，聂名华从工作岗位上退休。但是，岗休人不休，他依旧为学院发挥着一名老教授的作用。他多年担任金融学院的学术委员，退休后更是积极在学术方面为学院出谋划策，尤其是学科建设、学术科研等方面的发展问题。2020年上半年，由于受疫情影响，学校开展了大规模的线上教学活动。面临期末考试时，他敏锐地发现了问题，很多学生对期末考试在线上进行感到焦虑：一是担心网上考试难以监考，作弊的可能性较大；二是担心考试过程中可能出现断电掉线等意外情况；三是有的线上考试就是写篇文章，难以全面体现学生掌握该门学科知识的实际情况。聂名华立即向学校和学院提出有关建议，最终学校出台文件，针对学校各门课程的特点，对部分课程安排延期考试，这才使这些学生的情绪得以稳定下来。

不管是回忆往事，还是畅聊当今，聂名华教授说话的节奏总是那么轻快平稳，话语稳如匀速行进的队列，每说完一件事，他那爽朗的笑声令这平静的节奏瞬间变得丰腴动人起来。也许，这恰如聂名华本人的成长轨迹一样，总是那么匀速行进，但却从不落下一步，待回头看时，他已经是著作等身，成绩斐然了。

聂名华近照

人生鼓点不踏空

聂名华教授的履历表简单明晰，简单到时代的风浪没有留下特有的烙印，因为履历上的时间线编织起来的，是一个平凡人如何坚持不懈地努力，并一直得到幸运眷顾的美丽图景。

1953年年底，聂名华出生于武汉一个普通的双职工家庭。3岁时，父亲因工伤离世。幼年失怙的他，被母亲艰辛拉扯长大。回忆少时微末情景，聂教授说："尽管生活很艰苦，但是我很幸运，一方面是我的母亲性格十分坚强，她肩扛生活的重担，不让我们经受半点委屈；另一方面是民政部门每年的救济与关爱，让我不曾中断基础学业。"

1972年，高中毕业的聂名华，本应随大流上山下乡做知青，但"我的高中成绩太棒了，部队来招兵，可能觉得我不错，就挑中了我"。从此，他穿上绿军装，在那个激荡的年代，成为一名光荣的解放军战士。在部队的五年中，因为训练刻苦，表现优异，他很快成为班长。随后，他的文科优势开始显露，他写出的新闻报道和诗作，接连发表在部队驻地的《天津日报》和天津人民广播电台等新闻媒体上。营团机关将他以借调或帮忙的方式，充实到机关中。而在机关的工作，又进一步让他在文史哲方面的理论素养得以充实。由于在部队宣传报道方面取得突出成绩，他荣立了三等功。

1978年年初，退伍回到武汉的聂名华，进入武昌区财政局工作。不过，他思考良久后，决定趁着恢复高考的契机继续读书。1978年9月，他顺利考入湖北财经学院基本建设财务信用系（金融学院前身之一），成为一名大学生。按照当时国家政策规定，在大学本科期间武昌区财政局一直给他发工资，聂教授深情地说："我很感谢政府和财政局！这笔钱让我可以衣食无忧地全身心扑到学习上，不用担心吃饭穿衣等生活问题。"读大二那年，聂名华便在本校学报发表理论文章《略谈基本建设投资方向的调整》，成为学术小明星。读书期间，他获得过不少荣誉，"最具分量的是湖北省优秀大学生，因为一年评不了几个哦"。

本科毕业后，聂名华顺利考上投资经济专业研究生。研究生毕业后，因为学校师资力量急缺，便留校任教。"我的履历就是这么简单：1985年开始教学，1987年被评为讲师，1992年晋升为副教授，1997年被评为正教授。1998年我决定在职继续深造，报考了本校企业管理专业博士生，之后提前半年毕业，2002年评为博士生导师。"

中年时期的聂名华

担任研究生导师以来，他先后指导和培养了 20 多名博士研究生，近百名硕士研究生，许多研究生毕业后在各自的工作岗位上作出了突出的成绩，成长为本单位的骨干力量和优秀人才。

聂名华与学子

人生转折的每一处鼓点都能踩到，恐怕不仅仅是运气的缘故了，“是的，我承认，我就是个普通人，我只是比其他人更努力罢了”，聂名华总结道。

连中三元称达人

在金融学院师生的心目中，聂名华教授最显赫的成绩，便是“连中三元”的科研奇迹。

从20世纪90年代至今，聂名华连续申报成功并主持完成了三个国家社科基金项目，包括“我国境外投资的监督、运用和管理方式研究”“我国企业应对跨国并购投资的战略与政策研究”“中国外商直接投资的区位选择与优化配置研究”，这个频次和数量，在整个学院、学校乃至华中地区高校中，都属于凤毛麟角。

他主持完成的第一个国家社科基金课题，在我国境外投资的理论依据、发展模式、区位选择、行业战略、主体培育、管理体制和政策立法等方面提出了许多新见解，被全国哲学社会科学《成果要报》以《我国境外投资发展战略与有效监管的新思路》为题，对其作了详细的介绍，并报送党和国家领导人决策参考，受到国家有关部门的高度重视。

更值得庆幸的是，2015年他主持完成了国家社科基金项目《中国外商直接投资的区位选择与优化配置研究》，其成果结项被专家评为“优秀”档次，其研究报告由中国财政经济出版社出版，并获得“安子介国际贸易研究优秀著作奖”，这是当今国际贸易研究领域的最高奖项。

有年轻的学生称呼聂教授为“课题达人”，谦逊的他没有否认，毕竟，这么强大的实力已经不允许他低调了。很多为课题“白头搔更短”的老师们，纷纷找他讨教奇迹炼成的“诀窍”。聂名华说，申报课题做项目，就是抓住四个字“顶天立地”。所谓“顶天”，就是申报的项目是国家关心的、政府关心的、甚至是国家总理关心的问题；所谓“立地”，就是要紧密结合中国的具体国情。

聂教授举例说：“我主持的三个国家基金项目，与国家的发展和时代的联动是一致的。国家最新提出‘走出去战略’，那么你就要抓住对外投资这个课题吧？走出去肯定要遇到包括跨国并购这些问题吧？选择这样的课题来进行研究，一般都能获得成功。”“我的三个题目全部是与中国当时的国情紧密相关的，都是划入中国这个大课题背景下的，只有结合中国的国情来研究我们自己的问题，才能成功落地，而不能搞虚无缥缈的东西。”

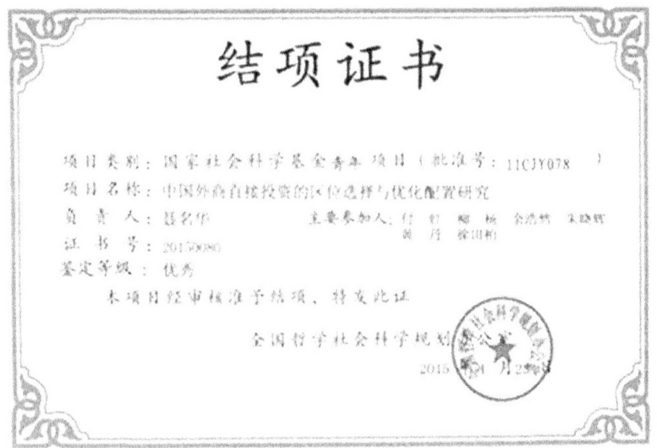

结项证书

项目类别：国家社会科学基金青年项目（批准号：11CJY078　）
项目名称：中国外商直接投资的区位选择与优化配置研究
负 责 人：聂名华　　　主要参加人：[illegible]
证 书 号：[illegible]
鉴定等级：优秀

本项目经审核准予结项，特发此证

全国哲学社会科学规划办公室
2015 [illegible]

聂名华的荣誉证书及著作

难道做课题就这么简单吗？当然不是，聂名华付出的心血与辛苦，是常人难以想象的。但是，聂教授言语之间，回忆的都是他指导的博士生、研究生们如何兢兢业业、扎扎实实做课题的辛苦往事。至于自己如何辛苦，他却没有说。不过，在嘴边无意说出的“牺牲”二字，却揭开了他取得如此成绩的秘密。

玩转“三台”有绝技

聂名华一直有个心愿，那就是有更多时间去旅游，看看这个世界。但从教数十年，他鲜有机会出去旅游，因为时间有限。学校暑假组织的外出游览活动，恰好是聂名华科研工作的宝贵窗口期。因为只有暑假，他才可以放下讲台的教鞭，心无旁骛地在案台上开展研究工作。

盘点聂教授的成绩，除了耀眼的课题之外，他在《国外社会科学》《统计研究》《财贸经济》《经济学动态》《数量经济技术经济研究》等期刊上发表了200多篇学术论文，他的高产令人咋舌。其中多篇论文被转载、摘登或入选全国性学术会议，多次荣获湖北省和武汉市社会科学优秀成果奖、中国国际贸易学会优秀论文奖、中国基建优化研究会优秀成果奖等。同时，他还承担了繁重的本科和研究生教学任务，教学工作量往往达到学校规定工作量的2—3倍，教学质量受到学生好评。由于科研与教学成果突出，聂教授先后被评为湖北省高教系统优秀共产党员、湖北省中青年学科带头人，获准享受湖北省政府专项津贴，还被评为湖北省新世纪高层次人才工程第二层次人选。

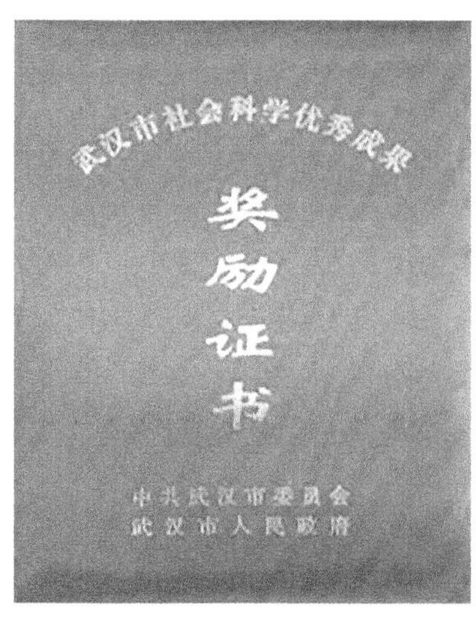

聂名华的荣誉证书

在做好教学和科研工作的同时，聂名华还努力承担家务，饭菜做得颇有水准，把家里收拾得井井有条。

这就是聂名华，他既要教学，又要带研究生搞科研，同时还要照顾家中生活。

他是如何玩得转得呢？聂教授嘿嘿一笑："要想玩转讲台、案台和灶台，你就需要牺牲掉自己的一些东西，尤其是个人的娱乐时间。"所以，外出旅游的渴望，他必须适当割舍，平时看电影和逛公园的乐趣，也要适当舍弃。不然，时间怎么省出来？

聂名华在讲学

聂教授深有体会地说："人的真正差别表现在工作之外的时间，8 个小时工作时间内差别都不大。要出真正的成果，拉开差距的，就是你的业余时间，有人利用业余时间外出游玩，上网打游戏，甚至打麻将，而我的业余时间大部分花在科研上面了，最多的就是寒假和暑假的时间。"

"我的妻子，是在人民银行做人事组织工作的，经常需要出差或者外出开会，我不能不体谅她吧？我儿子还小的时候，家里的吃喝照顾和接送上下学，我不去做，谁做？课堂上，那么多学生等着你去授课，你不准备教案和认真备课，如何能行？做学术研究是保证教师事业常青的基石，这能丢掉吗？肯定不能！那么，为此牺牲一点个人业余爱好和时间，又算得了什么呢？"

"我的人生哲学就是要老老实实做人，认认真真做事。我就是持之以恒地坚持，既要做人，做好人，也要做事，做好事。所以，我好比在三个台子上跳舞，依靠个人的智慧来协调，就像个蜡烛，多燃烧自己，才能更好地照亮他人。"

推心置腹前浪语

2019 年，聂名华从工作岗位上退休。但是，岗休人不休，他依旧为学院发挥着一名老教授的作用。他多年担任金融学院的学术委员，退休后更是积极在学术方面为学院出谋划策，尤其是学科建设、学术科研等方面的发展问题。

聂名华说，我很感谢学院对我成长的帮助，感谢学校多年的关怀。临退休前，学院、学校两级工会积极协调努力，将他的名字增加到了贵州疗养的名单中。"这表明学院及工会领导对我们老同志是很关心的，使我非常感动。我唯有以饱满的热情，发挥余热，为学院建设尽心竭力。"

退休以后，聂教授还担任学校的教育督导员，利用自身的教学科研经验，指导新进的青年教师和学子们。2020 年上半年，由于受疫情影响，学校开展了大规模的线上教学活动。面临期末考试时，他敏锐地发现了问题，很多学生对期末考试在线上进行感到焦虑：一是担心网上考试难以监考，作弊的可能性较大；二是担心考试过程中可能出现断电掉线等意外情况；三是有的线上考试就是写篇文章，难以全面体现学生掌握该门学科知识的实际情况。聂名华立即向学校和学院提出有关建议，最终学校出台文件，针对学校各门课程的特点，对部分课程安排延期考试，这才使这些学生的情绪得以稳定下来。

时代在变，压力在变，诱惑也在变。很多学生及教师面临的问题和困惑，聂名华都表示理解。作为前辈，他给出了自己的建议：

青年教师爱搞科研，是好事，但前提是教学任务要完成好。作为一个老师，首先要站稳讲台，才有时间来搞科研。站稳讲台首先要备好课，要看大量的文献，要多学很多东西，知识面要广，这样的话学生才可能对你的教学感兴趣。你要给学生一瓢水，你自己要有一桶水。在做好教学工作的基础上，才能做科研，科研需要有坐冷板凳的功夫，查阅资料、申报课题、撰写论文，往往不是短时间就能看到成效的。

对学生来讲，首先是要保证学习，完成学习任务，有时间可以做一些社会工作，但前提是专业课程一定要学好，尤其是一些基本课程如数学、经济学，还有计算机、英语、专业课等。你可以去考必要的证书，有的证书在选择就业时非常重要。当然，最重要一条，身体要健康，要注重锻炼。

采访结束时，雨雾弥漫，又值南湖氤氲之气蒸腾，聂教授举伞行进，阔步隐入其间，几缕高人之气渐渐显露。

而今的聂名华教授，依旧在指导尚未毕业的博士和硕士研究生，做事要善始善终，这是他的人生理念。

而今的聂名华教授，依旧在奔忙于教学督导和评估工作，将经验传承下去，这是他的职业操守。

朱新蓉教授：掌舵十五年　做好平凡事

朱新蓉教授于1985年中南财经政法大学货币银行学专业硕士研究生毕业，获经济学硕士学位，留校任教至今。其间，师从著名的金融学家周骏教授攻读并获得经济学博士学位。现任中国金融学会常务理事，中国人才研究会金融人才专业委员会常务理事，湖北省金融学会副会长，湖北经济学院金融学院院长，湖北省人民政府咨询委员，湖北省中青年学术带头人，国家级特色专业金融学负责人，国家级精品课程货币金融学负责人，国家重点学科金融学学科带头人之一。主要研究方向是货币理论与货币政策、区域金融及金融机构与市场。

在学术研究上，朱新蓉也有自己独特的见解。在任教以后，逐步确定了金融宏观与微观有机结合的教研方向，她深感我国宏观金融调控与微观金融运行之间协同创新不仅重要而且紧迫，便大量研读文献资料，深入经济、金融机构调查研究，产出了一批有分量的科研成果：据不完全统计，在《管理世界》《金融研究》《财贸经济》等国内权威学术刊物上发表论文50多篇，作为主编出版著作、教材18部，主持国家社会科学基金重点项目和一般项目课、财政部人文社科项目、湖北省、武汉市社科研究基金项目等科研课题20多项，发表的论文、咨询报告曾荣获湖北省社会科学优秀成果奖二等奖、湖北发展研究奖一等奖、湖北省委决策支持优秀成果一等奖，主编的教材荣获湖北省高等学校教学研究优秀成果奖二等奖。

组织给予了她认同和肯定：1993年被评为“全国财政系统优秀教师”，1996年被授予“湖北省高校优秀青年女教职工”称号，1997年获得财政部跨世纪学科带头人基金资助，1999年被评为“湖北省有突出贡献中青年专家”，2001年被评为湖北省中青年学术带头人，2003年入围湖北省新世纪高层次人才工程第二层次人选，2004年享受国务院政府特殊津贴，2012年被评为“湖北名师”，2015年荣获首届鸿儒金融教育基金会“金融学杰出教师奖”(金融学教育领域最高奖项)，2021年，她又被评为“湖北省首批特级专家”。

从教35年，朱新蓉教授以“责任、使命、担当”为准绳，努力践行并履行着人民教师的崇高使命，以坚持不懈的奋斗精神与实际行动诠释着对“太阳下最光辉职业”的理解。

20世纪90年代初，邓小平同志发表“南方讲话”，新一轮改革的春雷惊醒神州大地，“下海”成为时尚和潮流。原本人才济济的中南财经大学金融系，遭遇了学科史上的“危急时刻”：几位带头人和中坚力量先后离职“下海”，一时间，人心思动。

三十来岁的朱新蓉，此刻也陷入彷徨。老家广东的高校也给她抛来橄榄枝，请她南下“去金融改革的一线，去实现教学相长的抱负”；导师和同事们则劝她能留下了，并挑起管理重担，在学科专业发展的紧要关头与老师们共渡难关。

人生选择处在了十字路口，一边是个人价值实现的美好憧憬，一边是生于斯长于斯的母校学科的热切召唤，她将何去何从？

初担重任：以诚聚人心

朱新蓉对金融学科的情感与他人有所不同。她是金融系创始人之一朱洋发教授的爱女，从小就耳濡目染教书育人的使命和为人师表的担当，对“货币”“信用”“银行”等专业术语“情有独钟”，又熟悉一摞摞金融学术文献堆积下的书斋生活。和同辈人一样，经历“上山下山”后，她于1979年回城，同年考入湖北财经学院(今中南财经政法大学前身)，就读金融专业。

她聪颖刻苦，加之家学渊源，学习成绩一骑绝尘，在大学三年级的时候，便提前考研。为响应国家加快研究生人才培养的号召，她师从著名金融学家周骏教授攻读硕士研究生。追随导师潜心研读，并有幸得到黄达、刘鸿儒、曾康霖等学术老大师的指点，极大地拓展了研究问题的思路，学生时代就在权威期刊上发表学术论文。1985年研究生毕业时，因应分配到财政部工作的指标被悄悄改变而被急缺师资的学校留下任教。

朱新蓉近照

此时，已经在讲台上度过七个寒暑的朱新蓉，十分羡慕那些能走出象牙塔追逐梦想的同侪，但值此“决战之际、危难之间”，老师们对她的需要和期许，令她颇为动容，这是多么大的信任和责任啊！

关键时刻，导师周骏教授一锤定音：“我教过的弟子很多，有的人适合在业界发展，有的人适合留在学校发挥作用，这算是一种分工。从你的性格来讲，我还是认为你留校更好。”导师的指引，师生的期望，加之对校园深厚的感情，朱新蓉最终放弃其他选择，接受担任分管教学金融系副主任重托。

当时的课堂，师资匮乏，尤其是很多老师疲于奔命，“很多老师说，一周恨不得上八天课，一个人得干三个人的活”。队伍人心不稳，是需要下大力气解决的问题。朱新蓉发挥自己心思细腻的长处，用热情爽朗的工作态度，去与每位教师谈心做工作，聆听他们的抱怨，缓解他们的焦虑。细致的工作，很快收到效果，朱新蓉也赢得“热心大姐”的美誉。每月一次的院系大会，她都以充满激情的正能量演讲鼓舞着教师们。她的大气与豁达非常具有感召力，每每听完她的讲话，老师顿发感慨：“我们又有信心了！”

在朱新蓉心里，她从来没有把院长当成官来做，而是将自己作为学院师生的朋友、知心大姐。女性所特有的智慧、善良、真诚，使她在管理工作中更具有优势，通过女性的细腻感情、富有渲染性的语言来影响和激励大家。

改革破局：行稳谋致远

时间进入20世纪90年代后期，教育改革拉开了大幕。已成为金融学院院长的朱新蓉一心想改变学院面貌，她认真研读文件，结合学院学科发展的实际，实施一系列针对性与前瞻性兼顾的改革措施。

改革者，扬长补短也。对于学院的长处，朱新蓉很有信心，在一代又一代金融人的努力下，学科建设的人才梯队基本完整，泰斗级大家周骏教授举旗，金融学科依旧光彩夺目。她回忆说："我们这支队伍，为什么散不了，我觉得最重要的是得益于学科的吸引力。我们的学术传承做得很好，每一个年龄层次，都有一批科研'高手'和教学'名嘴'，形成了系统完整的学术梯队。虽然时常有老师离开，但是没伤到整体的元气，只要根基还在，师资队伍的补充就会源源不断。"

学院要迈向建成国家级一流学科，所缺者，无非"才"和"财"。破局着力点，需在这两个方面发力。

金融学科建设要超前规划，对标国际水准。在朱新蓉心中已经有了一个明确的提升教师素养和调整结构的解决方案，即用3—5年的时间完成教师队伍博士化、博士后化和海归化。接下来是具体的实施规则和措施，这需要胆识和智慧，统筹推进，逐步见成效。

首先是确定规矩：凡是本校毕业留校的硕士研究生，必须提升学历档次，要避免近亲繁殖，鼓励或"逼迫"他们去发达地区的知名高校深造，获得博士学位。同时，要求获得博士学位的教师，尤其是本校博士毕业留校任教的老师，必须完成博士后研究工作。鼓励老师们在海外前100位的知名高校研读博士学位或交流进修1年以上。

朱新蓉还把更多的精力放在人才引进上。2005年前后，学院引进了20多位来自国内外著名高校的博士，如今，这一批博士后、海归教师，已经成长为学院乃至学校学科建设的中流砥柱，朱新蓉倍感欣慰。尤其令她念念不忘的，是当时引进李志生老师的故事。

"李志生老师当年在美国留学时，通过邮件求职，他的学历背景、学术潜力等条件非常好。人才难得啊，可是本人远在大洋彼岸且还没完成毕业程序。人才竞争如此激烈，我们不及时把他'锁定'，很快就会被其他院校'抢走'。我们以特事特办的思路，果断‘下手’，约他的夫人见面，并迅速向学校汇报，尽快请其妻子代签协议，希望他毕业后立即到校报到。接下来我们便见证了一位年轻学者的蜕变，李志生现在是金融工程教授、博导，学校校长助理兼教务长，不仅学术成果丰硕，而且极富管理才干，成为学科领域的国内新生代带头人。”

栽下梧桐树，方“稳”金凤凰。朱新蓉的另一重要举措，直接指向经费不足的困境。

朱新蓉回忆：“当时的大环境非常宽松，学校政策也放得很开。开源创收办教育是大趋势。金融学科专业的社会需求极其旺盛。一方面，我们扩大本科生的招收规模，做基础教育是能获取效益的，有了较大的本科生规模，基本运行经费就相对充足，教学科研活动有了财力底盘。另一方面，争取业界校友的鼎力支持。金融学科的毕业生遍布各行各业，尤其是银行、证券、保险等金融机构，他们大多数与学校、学科和老师一直保持密切联系，深知创建国家重点学科的重要性和紧迫感，尤其是新华人寿保险股份有限公司的关国亮董事长和孙兵总经理，他们都是周骏教授的高徒，一直关注推进人才培养，创一流学科的进程，经常返校做业态发展新趋势的讲座和专题报告，也表达了企业发展对专业人才的高质量需求，他们的想法与杰出校友们的愿望不谋而合，于是便萌生了开展校企合作，共同培养顶‘天’立‘地’的企业急需人才的念头。随即其与学校签署了合作办学的协议，合作期 10 年，经费 1000 万元。”

与新华人寿保险股份有限公司的合作，是金融学科历史上具有里程碑意义的事件。朱新蓉说：“当时，已入选国家重点学科的建设周期 5 年，财政每年拨付 20 万元经费，而校友企业的资助，每一年就增加 100 万元教学科研经费，没有理由不铆足了劲发展学科专业。当时我们每年出 10 本以上的专著和教材，选派 10 位以上的老师去国内外进修学习和交流，还使用上了最现代化的教学设备，等等。”

作为一个管理者，朱新蓉时刻注意率先垂范，坚守公正公平。她说：“做院长或者担任行政工作后，应该有舍弃自己教学和科研出成果的思想准备，首要任务是带领团队冲入学科的国家队，自己独自一人发一篇权威论文的影响力是有限的，几位或十几位老师都能发表高端论文的社会反响则是巨大的，这应该是一种舍‘己’为‘公’的奉献精神吧！”

朱新蓉凡事立规矩，遇事有原则，受到了全院师生的一致好评。比如每年的职称评审工作，因为指标有限，达到条件的老师往往多于指标数，一方面要做好申报人员的思想工作，另一方面是把推荐过程科学化、规范化、精准化，力争进入学校的推荐者都能顺利通过，长此以往学院的职称评定工作就没有了历史遗留问题。

2007年，涵盖金融、投资、保险的中南大金融学科被教育部评定为国家重点学科，金融学科拿到了高校“百年老店”的金字招牌。作为学科建设的组织者，朱新蓉带领着团队用智慧和执著收获了奋斗的幸福和荣光。

为人师表：用情享尊严

在朱新蓉看来，教师是神圣而高尚的职业，“如果说我的求学历程是在一片漫无边际的大海上航行，那么我的良师就是为我指引航向的灯塔”。在求学的历程中，朱新蓉深深体会到了老师的关怀和培养，也决心沿着恩师的足迹，立志做一名能“为他人指引航向”的好老师。

对于做研究这件事情，朱新蓉乐在其中，选择留校任教也源于对做学问的兴趣。相比于在业界做业务和从事管理工作，做学问、搞研究似乎能给她带来更大的成就感和满足感。在她的观念里，学习不是功利的手段，而是自身成长的一种需要，并逐渐成为生活中的一种常态。三十多年来，在研究中思考的习惯已经成为她的一种生活方式。

“学习是一件快乐的事情，应该是快乐学习，而不是学习快乐。学习不是目的，而是抱着一种愉悦的心情……”这是她常常对学生们讲的话，她倡导“快乐学习”。在教研和带队伍过程中，她提倡将国外的研究范式与中国国情相结合。她认为，没有思想的模型是没有生命力的，没有模型的思想是不接地气的。在模型运用与思想之间的自如转换中，方法就有生命力，思想就有落脚点。

在学术研究上，朱新蓉也有自己独特的见解。在任教以后，她逐步确定了金融宏观与微观有机结合的教研方向，她深感我国宏观金融调控与微观金融运行之间协同创新不仅重要而且紧迫，便大量研读文献资料，深入经济、金融机构调查研究，产出了一批有分量的科研成果：据不完全统计，其在《管理世界》《金融研究》《财贸经济》等国内权威学术刊物上发表论文50多篇，作为主编出版著作、教材18部，主持国家社会科学基金重点项目和一般项目课、财政部人文社科项目、湖北省、武汉市社科研究基金项目等科研课题 20 多项，发表的论文、咨询报告曾荣获湖北省社会科学优秀成果奖二等奖、湖北发展研究奖一等奖、湖北省委决策支持优秀成果一等奖，主编的教材荣获湖北省高等学校教学研究优秀成果奖二等奖。

湖北省哲学社会科学发展规划办公室

2018 年湖北省社会科学基金
重点项目结项书

中南财经政法大学：

你单位申报的 2018 年湖北省社会科学基金重点项目《湖北金融领域的风险及防范措施》（HBSK2018ZDW018），经中共湖北省委宣传部批准，定为优秀等次，并准予结项。课题负责人为朱新蓉，首席专家为朱新蓉、李卓生，主要成员有[illegible]。

本通知书请转发项目责任单位科研、财务部门及课题组成员。

联系人：王黎黎　联系电话：027-87231709

通讯地址：武汉市武昌区水果湖省委大院 5 号楼 512 室

湖北省哲学社会科学发展规划办公室
2018 年 11 月 20 日

中共湖北省委办公厅

湖北省重大调研课题结题通知书

中南财经政法大学：

[illegible]“请国强同志并绍良、立山同志阅示。这个调研报告很好，对当前基层同志、基层工作出现的一些新情况、新变化作了深入而全面的反映。我们应该认真研究，有针对性地采取一些措施，切实做好基层工作，稳住基层干部队伍。”[illegible]

湖北省重大调研课题[illegible]办公室
2018 年 6 月 19 日

结项证书

项目类别：国家社会科学基金一般项目（批准号：11BJY154）

项目名称：[illegible]

负 责 人：朱新蓉　　主要参加人：[illegible]

证 书 号：[illegible]

鉴定等级：合格

本项目经审核准予结项，特发此证。

全国哲学社会科学规划[illegible]

朱新蓉 胡明 同志：

你（们）完成的《整创建光谷科技银行 应对危机谋求发展》成果荣获湖北发展研究奖一等奖。

特颁此证，以资鼓励

编号：2010HF[illegible]

[illegible]六月

朱新蓉、朱振元：

你的论文《人民币汇率波动与中国股票价格报酬率之间的相关性——基于2005年至2007年的实证分析》获第七届湖北省社会科学优秀成果奖二等奖，特颁此证

朱新蓉的成果丰硕

组织给予了她认同和肯定：1993 年被评为“全国财政系统优秀教师”，1996 年被授予“湖北省高校优秀青年女教职工”称号，1997 年获得财政部跨世纪学科带头人基金资助，1999 年被评为“湖北省有突出贡献中青年专家”，2001 年被评为湖北省中青年学术带头人，2003 年入围湖北省新世纪高层次人才工程第二层次人选，2004 年享受国务院政府特殊津贴，2012 年被评为“湖北名师”，2015 年荣获首届鸿儒金融教育基金会“金融学杰出教师奖”（金融学教育领域最高奖项），2021 年被评为“湖北省首批特级专家”。

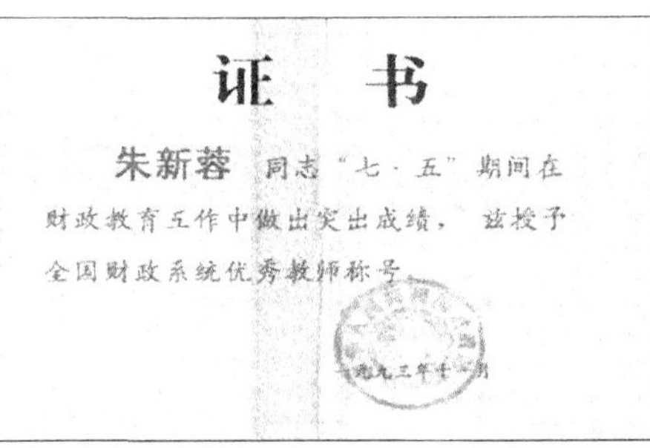

证　书

朱新蓉 同志“七·五”期间在财政教育工作中做出突出成绩，兹授予全国财政系统优秀教师称号

荣誉证书

授予 朱新蓉

先进女教职工

省高校工委　省教育厅　省教育工会

荣　誉　证　书

朱新蓉同志一九九五年度被评为湖北省高校优秀青年女教职工

批准朱新蓉同志为湖北省有突出贡献中青年专家。

工作单位

出生年月

专业技术职务(职称)

证书编号

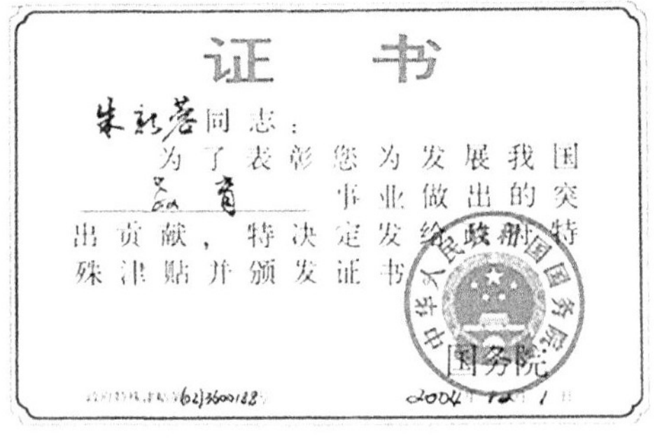

证　书

朱新蓉同志：

为了表彰您为发展我国教育事业做出的突出贡献，特决定发给政府特殊津贴并颁发证书。

国务院

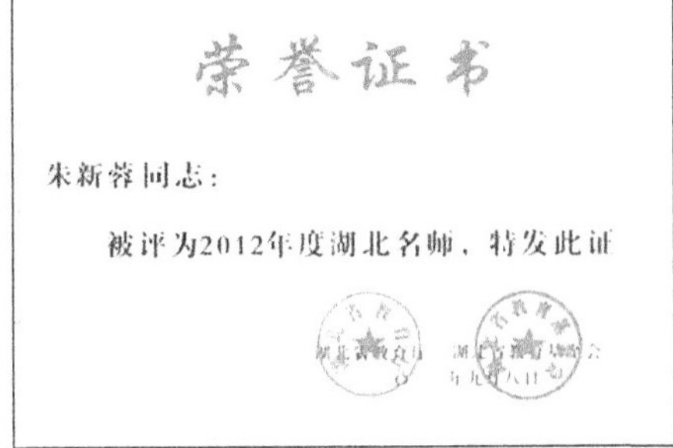

荣誉证书

朱新蓉同志：

被评为2012年度湖北名师，特发此证

朱新蓉获得的荣誉证书

从教 35 年，朱新蓉教授以“责任、使命、担当”为准绳，努力践行并履行着人民教师的崇高使命，以坚持不懈的奋斗精神与实际行动诠释着对“太阳下最光辉职业”的理解。

时光飞逝，当年朱洋发教授眼中的那个说话声音细若蚊声的小姑娘，如今已是在公开场合一说话就能聚集全场焦点的魅力女性。她用破釜沉舟的勇气和智慧，让金融学院一飞冲天；她更用富有感染力的热情、真诚与投入，在师生中竖起了一座熠熠生辉的口碑。

犹记那一年，全院师生总动员，为申报国家重点学科，团结一致、拼搏奋战，在学校的大力支持下，申报材料最终报送完成。时值暑期，老师们一起去内蒙古休假，一介书生纷纷跨上骏马，奔驰在辽阔的大草原上，尽情挥洒，好不惬意。返程的火车上，突闻入围喜讯，金融学科如横空出世一般，摘得国家重点学科的殊荣，老师们纵情欢呼、跳跃，顿时车厢变成了欢乐的海洋。

“平凡的事，用心做就不平凡；简单的事，坚持做就不简单。”这是朱新蓉感触良深的总结。能让师生自信快乐地工作和学习，也许这就是朱新蓉的魅力所在吧！

宋清华教授：吉光片羽采撷忙

宋清华教授1981年考上湖北财经学院(中南财经政法大学前身之一)，毕业后直接攻读研究生。1988年，他从货币银行学专业硕士研究生毕业，留校任教。主要研究方向为银行管理、金融风险管理。从事商业银行经营管理、金融风险管理等金融学专业本科及研究生课程的教学工作。

科研成果丰硕，宋清华教授先后在《管理世界》《金融研究》等期刊发表论文180多篇，其中24篇被《新华文摘》、人大复印报刊资料《金融与保险》等刊物转载；出版个人专著两部，系统阐述了银行危机和商业银行与资本市场的关系；他主编教材多部，从商业银行经营管理、信用管理、金融风险管理多个维度为学子们打开认知的大门。

成果卓著，宋清华教授先后主持或负责国家级、省部级等社科基金项目和课题多个，获得省级优秀论文奖六次以上，主持完成的两项研究报告获省领导签批。

宋清华教授更是获得不少荣誉，尤其是国务院政府特殊津贴专家、湖北省有突出贡献中青年专家等。他还兼任2018—2022教育部高等学校金融类专业教学指导委员会委员。企业兼职上，他还兼任重庆农村商业银行独立董事。

在任期间，宋清华坚定不移地推进国际化的发展方向。他说，“金融学科一定要沿着国际化的步伐向前发展，加快发展”。为此，金融学院开辟了多项第一。每年在秋季开学前，利用一周时间为老师和博士生举办暑期培训班，邀请国内外知名的学者，每年围绕一个主题来讲课，帮助教师和博士生们开阔眼界，提升技能。他曾送给金融学院学子们十六字箴言：“志存高远，专心致志；学会吃苦，不怕失败”。十六字箴言，既是他奋斗的底色，也是他能持续往更高学术生涯攀登的“初心”。只有不忘初心，才能行为长远，才能永葆活力。

有一类人，讷于言而敏于行，初见时惜字如金，而后却始终在需要的时候默默付出，且不让对方感到任何不适。泱泱大方之风，可谓隽永悠长。中国有古话，称这类人为“谦谦君子，温润如玉”。

一

初次翻开宋清华的履历，采访团队心头颇为忐忑，因为他担得起“年少得志”四个字。

1981 年，16 岁，他考上湖北财经学院（中南财经政法大学前身之一），毕业后直接攻读研究生。

1988 年，23 岁，他从货币银行学专业硕士研究生毕业，留校任教。

1994 年，29 岁，他被破格晋升为副教授。

2000 年，35 岁，他被评为教授，同时进入中国人民大学应用经济学博士后流动站。

2003 年，38 岁，他成为博士生导师。

2008 年，43 岁，他担任中南财经政法大学金融学院院长。

不论是从学术之路，还是所谓的“仕途之路”，他都给人顺风顺水的感觉。

待见到真人时，方觉固有印象完全是自我脑补，自设藩篱，眼前的宋清华教授，面色谦和、目光澄澈，和煦的笑容让酷暑之下的房间顿感清凉，顿生亲近。

但很快，他便让你猝不及防：“我这个人没什么可以说的，我建议你们听我讲一下学院学科的历史，还有各位知名老教授的故事。”

而后，一场不在预案中的采访就这样开始了。

二

宋清华带来的是一份金融学科发展史的资料，以及一份金融学院知名教授的名单。他要讲的就是这些人、这些事。

学科创立时，筚路蓝缕的艰辛，宋清华娓娓道来，一幅历史的画卷在他口中徐徐展开。

学科兴旺时，波澜壮阔的辉煌，宋清华不疾不徐，平静地陈述着那些令人神往的成就。

你很难想象，坐在面前侃侃而谈历史的，是一位金融学大咖，一个知名学者。

在回答“为什么对学科历史和学院沿革这么感兴趣”这个问题时，宋清华说：

“原因有三，一是现实需要，二是我的研究兴趣，第三，这也是我力所能及的研究范围。我们有必要把学科专业的发展历史，梳理得更加清楚。我们的学科有辉煌的过去，曾经是国家十大重点学科之一。我们的学科历史非常悠久，为新中国培养了一大批优秀人才，取得过骄人的成绩。今天，我们想进一步发展我们的事业，创新我们的学科，就更需要了解历史，感受传承。所以，研究学院学科的历史，就是典型的不忘初心。只有不忘初心，才能牢记使命，才能够继续为把金融学院建成国内一流、国际知名的学院而努力奋斗。”“不忘初心，你得去探寻当时的现场，才能知道他们创学办学的使命感从何而来，才知道初心是什么，这就是挖掘历史的意义。”

纷繁复杂的学院沿革历史和学科建设历史，在宋清华简明扼要又纲举目张的叙述中，落下了帷幕。

他又开始讲述各知名教授的事迹。他从谭寿清、朱洋发、张桂生、卢石泉、陈启中讲到雷仲篪、赵宗仁、李念斋、汪福长、曹龙骐，再讲到李一芝、朱新蓉，等等，每位教授的研究方向、代表作品、突出成绩、趣闻轶事，不管多么难记的信息，在宋清华的言语述说中，都是信手拈来、如数家珍。这不是一般人下工夫就能做到的，他已经将这份对学科事业的热爱，升华成大脑和身体的深刻记忆了，每每一个人名的提及，他都能说出一个个生动的细节故事，这其实可以称作“条件反射”了。

他讲的最多的是周骏教授的故事。从周骏的马克思货币金融理论，到对中国金融学界的五大贡献，再到周骏教授能取得成就原因的剖析，宋清华都脱口而出，条理清晰。宋清华表示，“周骏教授不仅是我的老师，更是金融学院的一面旗帜”。

当采访进入尾声时，对其个人方面，诸如家庭、事业、管理等方面问题的询问，他依旧三缄其口。

宋清华与博士生导师周骏教授合影

他说："金融学院的事业，是一代代人拼搏得来的，我只是其中的普通一分子，不必报道我，还是多推介下那些老同志吧。"

三

当报道组对学院的采访进一步深入时，才感受到了宋清华教授那润物细无声的照拂。

因为并非金融专业的从业者，这支新闻团队在报道时，遇到诸如人物背景、时代面貌、重要观点等问题时，常常"抓瞎"。不过不要紧，宋清华仿佛未卜先知，他悄悄地发给每位记者两个文档，即《中南财经政法大学金融学科学术发展史》《中南财经政法大学投资与工程管理学科学术发展史》。如果在报道的写作过程中遇到关键问题，看看这两个文档，多数问题都迎刃而解。

宋清华与中国人民大学黄达教授合影

比如，在采访郭曼如老师时，背景资料极其有限。但在宋清华主持编撰的学术史资料中的“年度大事记”一栏里，采访组找到了关于郭曼如老师随同几位老教授调研相关财经院校的往事。记者以此来和郭曼如老师畅聊往事，打开了她的记忆之门，将行政教工的光辉从历史的长河中打捞了起来。

比如，在问到某个专业的创立与沿革时，那些细致入微的年月份，相关人员在借助百度百科上的记载来做参考资料时，宋清华会突然将有关此事的人物、时间、事件以文字形式发给创作者，以更正谬误。

再比如，周骏教授的理论著作非常高深，如何转换为大众通俗的语言、采编团队十分头疼。不过，检索周骏教授的资料时发现，原来宋清华早在多个报刊上，以高度凝练的语言、生动幽默的案例，对周骏教授的理论与治学方法进行了阐述。这些资料远则十年，近则去年，宋清华早早地就为历史留痕，为大师做传了。

他仿佛一个编外记者，一边关注进度，熟稔地提供相关资料，为后续工作奠定基础，一边默默帮忙，而后事了拂衣去，不发片言碎语。因此，采编团队的人，戏称他“隐身高手、帮忙达人”，也有的说，他恍如高来高去的侠客，更是一座移动的资料库。

不过，一贯云淡风轻的宋清华，偶尔也有激情四射的时刻。在采访时，张桂生教授的后人拿出了张老生前精心保存的中华人民共和国成立前中原大学财经学院金融系毕业证书的珍贵历史资料。这令宋清华教授开心不已，“隐身状态”的他一反常态地在群里发言，要求保存好这批历史资料，“这可以算是文物，它的出现，为我们进一步探究创业初期金融学科的发展沿革，提供了有利的佐证。”

四

宋清华不愿意多说担任院长时的成绩。

不过，在任期间，他外联校友，为学院发展打造了广阔天空；内练苦功，继续夯实师资基础，这个概括应该是最恰如其分的了。

宋清华给我们带来了几本书。这些书，都是学院的知名校友所著，他们如今或是主管金融工作的重要领导者，或是搏击商海的金融巨子，抑或是在学界闯出一番新天地的知名学者。比如货币银行学博士、中国平安集团董事长马明哲所著的《平安心语》、民生银行行长蔡鲁伦的《寸草春晖》、改革开放后金融专业第一位女硕士李一芝的《为爱回眸》，等等。

在担任院长期间，在新学年开学时，他都会做一件颇有仪式感的事：向第一个来院报到的男生、女生，赠送知名校友的著作。

宋清华说：“孩子们当时可能不知道也不了解金融是怎么回事，引导他们去读这些成功校友的人生传记，那就是将他们带进了一场精神的盛宴，会激励着年轻学子们持续保持优秀，不断追求卓越。”

宋清华曾多次出国研学，他曾赴加拿大圣玛丽大学、美国罗德岛大学、美国辛辛那提大学进修、做访问学者和高级研究学者。海外访学的经历，令他大开眼界，也拓展了对学科的认识。因此，对学科建设如何追赶世界一流，他有了自己的腹稿。

宋清华与斯坦福大学麦金农教授合影

在任期间，宋清华坚定不移地推进国际化的发展方向。他说，“金融学科一定要沿着国际化的步伐向前发展，加快发展”。为此，金融学院开辟了多项第一。“中南大的第一个文澜学者讲座教授，美国迈阿密大学的宿铁教授，是金融学院引进的，而且持续了三个聘期。中南大的第一个长江学者讲座教授，美国密歇根大学的李海涛教授，也是金融学院引进的。”海归博士的引进也还在持续推进，当时，学院共有 19 名海归博士，是学校海归博士最多的学院。

师资培养是非常重要的事。宋清华在任时，每年在秋季开学前，利用一周时间为老师和博士生举办暑期培训班，邀请国内外知名的学者，每年围绕一个主题来讲课，帮助教师和博士生们开阔眼界，提升技能。

五

宋清华少时家贫，因为刻苦学习，得以从湖北省通山县的小山村，走进了知名大学的课堂。可以说，是读书、学习，改变了他的人生。他唯有以更饱满的科研热情，实现人生价值的跃升。

宋清华与1999年诺贝尔经济学奖获得者蒙代尔教授合影

他的成果丰硕，先后在《管理世界》《金融研究》等期刊发表论文180多篇，其中24篇被《新华文摘》、人大复印报刊资料《金融与保险》等刊物转载；出版个人专著两部，系统阐述了银行危机和商业银行与资本市场的关系；他主编教材多部，从商业银行经营管理、信用管理、金融风险管理多个维度为学子们打开了认知的大门。

他的成果卓著，先后主持或负责国家级、省部级等社科基金项目和课题多个，获得省级优秀论文奖六次以上，主持完成的两项研究报告获省领导签批。

他更是获得不少荣誉，尤其是国务院政府特殊津贴专家、湖北省有突出贡献中青年专家等。他还兼任 2018—2022 教育部高等学校金融类专业教学指导委员会委员。企业兼职上，他还兼任重庆农村商业银行独立董事。

读书期间，他“一门心思读书”；作为老师，40 多岁仍与博士生们一起听课学习；在“弃教经商”易发的金融领域，30 多年来他坚守在教师岗位不动摇，坚守在本科教学一线。

从院长职务上退下来后，宋清华又回到熟悉的学术氛围中，又能徜徉在科研教学的海洋里了。

每次回老家，宋清华既欣喜于家乡的变化，也忘不了当年上山砍柴换学费的艰苦岁月。他曾送给金融学院学子们十六字箴言：“志存高远，专心致志；学会吃苦，不怕失败。”

对他而言，这十六字箴言，既是他奋斗的底色，也是他能持续往更高学术生涯攀登的“初心”。只有不忘初心，才能行为长远，才能永葆活力。

张金林教授：金融工程学科的拓荒人

张金林教授现任中南财经政法大学国际教育学院院长、金融学院教授；中国金融工程年会常务理事、中国金融论坛理事。

张金林教授从华中工学院(今华中科技大学)信息工程专业毕业后被分配到中南财经大学信息专业任教，利用数理知识结构特长，融于金融学科框架，着手打造金融工程学科团队。如今的金融工程学专业，已经入选国家级一流本科专业建设点，成为金融学院一张靓丽的名片。张金林于2008年申报的国家级双语教学示范课程获准立项建设，主编《金融工程学》由高等教育出版社出版。

张金林教授用自己的经历，演绎了一场曲折却传奇的人生大剧。正如他自己所说，“任何一种经历都是人生的财富，当时觉得不起眼的积累，却为今后的人生酿造了甘甜的利息”。

张金林近照

机缘巧合联金融

仿佛冥冥之中有一只大手，促成了张金林与金融学院、金融学科之间的巧合机缘。

1964年，张金林出生在湖北蕲春县的乡村。蕲春素有“教授县”的美誉，因此成为有知识的人，是他幼时的梦想。伴随着成长的岁月，上大学、讲标准普通话、说流利的英语，代表着他对成功人生朴素的理解。张金林天资聪颖，学习成绩一直名列前茅。父亲为了他不因欠缴学费中断学业，辞去了乡村百姓眼中满满羡慕的大队会计这一“官职”，转身“折腾”经济作物，用辛勤的汗水换来供孩子读书的倚仗。

张金林觉得自己是幸运的，赶上了“改革开放”好时代，他不能辜负这个时代，他努力地学习着。

1982年，张金林考入华中工学院(今华中科技大学)信息工程专业。四年苦读，毕业那年，他择业分配到中南财经大学信息专业。遗憾的是，华中科技大学的信息专业是无线电信息，中南财经大学的信息专业则是经济信息，差别很大。

张金林阴差阳错进了中南大的门，既来之，则安之，他开始热心教学。转眼间，6年时光飞逝，张金林也在思考着自己的未来。直到有一天，经同事介绍，张金林有幸认识并拜见了时任金融系副主任的朱新蓉教授。

“与朱新蓉教授的那次交谈，就像推开了新世界的大门。她给我描绘了金融专业的内涵、知识框架及发展前景，并希望我能融入其中，利用数理知识结构特长，碰撞出交叉学科的火花。”张金林至今难忘那次改变人生的见面。

下定决心改换门庭，张金林重新拾起书本，开始研读起金融学相关书籍来。是的，他要考研，这是提升自己专业水平至关重要的一步。

张金林拿出拼命三郎的冲劲，反复阅读考试指定书籍，甚至熟记硬背。1992年，他如愿考上了金融学院的研究生。进入这个学科以后，他才发现金融学博大精深。“金融学是经济学的皇冠”，他下定决心，要尽快构建金融学的知识框架，发挥自己的数理知识特长，努力朝着皇冠顶峰攀登。

平生最好是科研

从理工男成长为金融人，转型之路颇为艰难。但是，凭借自己的勤奋刻苦，又得到名师指点和出国深造的机会，张金林一步步成长为有别于传统金融人的复合型人才。

1997年1月，还是金融学院讲师的张金林，以全校第一名的成绩通过英语选拔考试，被推荐赴澳大利亚昆士兰大学做访问学者。张金林此行是有备而去的，希望结合自己的数理背景，在金融学领域上找到一个新的突破口。

在访问学习期间，张金林选择了金融工程专业进行深造。在澳大利亚的360多天，张金林大部分时间都是在图书馆度过的。“平时上完课，我就去图书馆学习。周末的时候，澳洲本地的学生都爱开party，特别吵闹，我就干脆到图书馆躲清静了。”每个星期五的下午，张金林就带好饮食，进入图书馆，一直待到星期天晚上才回到宿舍。困了累了就睡在图书馆。收获也是巨大的，一年下来，张金林“研读了二十几本著作及教材，涉及经济学，金融学以及金融工程等基础理论”。

故土难忘，乡关情深，师恩如海，当然也由于经济原因，张金林放弃了在国外读博的机会，选择回国读博。1998年，师从著名金融学家周骏教授。博士期间，他不仅从周老师那里汲取丰富的知识养分，还迅速融入了周老师师生的朋友圈子。每次博士论文答辩会，对张金林而言，都是非常难得的学习机会。周骏教授的好友如刘鸿儒教授、赵海宽教授、曾康霖等金融学大师，几乎每年都会参加博士论文答辩会，他们就博士论文的提问以及学生答辩后的讲解，成为了那时的学术盛宴。躬逢盛会的张金林不断吸取金融素养，进一步开拓金融视野。学海无涯，博士毕业以后，张金林并未止步对金融的学习，而是前往北京，拜入著名金融学家李扬教授门下，成为中国社会科学院金融研究所的博士后。李扬教授团队有着丰富的金融研究以及金融行业资深专家资源。张金林没有放过任何一个学习研究的机会，努力将金融理论与中国金融实践联系在一起，开展了一系列关于中国金融市场及结构的调查研究及学术活动。因为他的优秀，李扬老师一再延迟他的博士后出站时间，直到5年后，中南大校领导出面向中国社科院李扬老师要人，才算把张金林“抢”了回来。

张金林与同事

胼手胝足建学科

回归学校后，张金林担任金融学院副院长，着手打造金融工程学科团队。初创时期的金融工程方向，师资力量薄弱，就只有他和李明老师等几个人，有时几门课都由张金林一个人去讲授，讲到最后“学生们都对我审美疲劳”了。不过，张金林将金融工程学拓展为比肩老牌学科金融学、投资学的雄心从未熄灭。

搭建学科团队，丰富教育成果，成为当务之急。他积极建言从国内一流高校挑选优秀博士、尤其是海归博士充实教师队伍，制定了每年招聘2—3名优秀博士的发展规划。这一人才引进规划是成功的。特别值得一提的是，引进美国海归博士李志生，堪称金融工程团队人才工程的成功典范。

谈及当年如何将这门新学科带出新高度时，张金林首先表达的是感恩和致谢。他说，金融工程专业的建立，首先归功于金融学院领导的长远布局。时任金融学院领导的朱新蓉教授，在选派张金林出国学习时就要求他，密切关注金融学科发展的新动态，努力实现理工知识结构与金融学知识的深度结合。同时，应该感谢学院领导对人才引进工作的高度支持和信任。

张金林近照

“金融工程学科建设，另一个关键点在于人才培养。制订科学合理的培养方案，认真组织课堂教学及课后辅导，每一个环节都要求精心安排。”比如本科课堂，有时会有两三个老师交互开讲，形同辩论的新颖方式，不仅给学生新鲜的感觉，更因为不同知识结构的老师对同一个问题不同视觉的解读，让学生能够形成多维思考问题的习惯。在大量积累的基础上，张金林于2008年申报的国家级双语教学示范课程获准立项建设，主编的《金融工程学》由高等教育出版社出版。此外，他还把最优秀的老师安排去当金融工程专业的班主任。“第一届金融工程专业的班主任就是李志生博士，这个班上有50多个学生，毕业那一年，有三十几个考上研究生，还有十来个到国外大学读研，成绩相当优秀。”

练好内功的同时，张金林还积极拓展学科人脉，将金融工程学科带入高端“朋友圈”。该学科的最高规格“圈子”是金融工程年会，张金林和同事们积极融入其中，担任年会的常务理事，并争取在学校办了一场主场金融工程年会，扩大了专业的影响力。张金林说，“每次召开金融工程年会时，要求我们团队里所有的人都参与，学院给予大力支持，报销全部差旅费”。同时，全球华人圈顶级金融峰会之一的中国国际金融学年会，张金林团队也参与其中。通过参与这些大型的研讨会，与同行交流沟通，金融学院金融工程学的知名度也逐渐走出去了。

“回想起来，我们金融工程学专业的本科生被保送到国内著名学府包括清华大学、北京大学、中国人民大学、复旦大学、上海交大等，这是我最欣慰的事。”张金林感慨。如今的金融工程学专业，已经入选国家级一流本科专业建设点，成为金融学院一张靓丽的名片。

跨界征程人未歇

2008 年，学校因推进教育国际化建设的需要，张金林走马上任国际教育学院院长，开始为提升中南财经政法大学整体国际化水平呕心沥血，勤勉努力。

后来，几经工作调整。张金林现在担任中南财经政法大学科研部部长一职，成为学校科学研究及社会服务活动的管理者和组织者。

尽管岗位不停变换，工作内容也几经改变，但张金林表示，“我一直担任金融学院的教授，我的学术活动和教学活动也一直在金融学院，这是我的心灵不可能离开的地方”。

转岗科研部，张金林有着重回科研工作一线的感慨，倍加珍惜。2019 年，张金林申报国家社科基金课题获批立项，在《人民日报》评论版上发表了《数字经济是数字金融发展的一个新引擎》的理论文章。疫情防控期间，他撰写了几篇学术论文，目前正处审稿及返修期间。尽管“双肩挑”与专任教师潜心科研精力上不能相比，距离自己的学术期望或许有些遗憾，但张金林还是很开心。多年来多岗位任职的经历，使其感悟颇丰。

对很多人来说，跨专业、换岗位，是一件比较痛苦的事。但张金林却以平常之心对待，他是这样感悟的：“跨界，它可能是弱势，但专注到一定程度，又可能就是你的特色、你的优势。当然需要艰辛的付出，花时间精力来赢得这个优势。”

张金林说：“我大学本科学习的是信息工程专业，似乎与金融无关。但在，本质上现代金融是不确定性环境下进行跨期资源配置的行为，金融的核心‘收益与风险匹配’问题都涉及信息的处置。在金融与科技深度融合的今天，以大数据、区块链和人工智能为特征的金融科技构成了全新的金融范畴。时代，总是会不经意地拐弯，最终留下一个个惊叹。”

虽离开金融学院已十多年了，但张金林仍在怀念当年“申报国家重点学科一起努力”的美好时光，还在为富有激情和朝气的金融团队感慨万分。如今，在学校职能部门任职的他，看待问题更加有高度，在金融学院 70 周年院庆到来之际，他殷切期望金融学院认真总结 70 年发展经验，精心规划金融学科未来发展，做到“传承创新，争创一流”。

李志生教授：聚一流师资，育一流人才，做一流研究，筑一流学科

2006年10月，李志生在美国伦斯勒理工学院完成博士论文答辩后加入中南财经政法大学金融学院，担任专任教师，2007年和2010年先后晋升为副教授和教授。李志生先后担任金融工程教研室副主任，金融工程系副主任，金融学院院长助理、副院长，中南财经政法大学教务部部长、校长助理。李志生亲身参与了金融学院金融工程学科的建设和发展，如今，金融工程系教师人数已经有近20人，师资力量雄厚，学术成果产出能力强。国家级课题、高水平学术论文、智库研究报告，等等，成果十分丰硕。2008年，张金林教授和李志生教授共同主持的金融工程课程，被评为国家级双语教学示范课程，为学院第一门国家级双语教学示范课程；2019年，李志生教授和陈红教授领衔的"微观金融核心课程教学团队"获评湖北高校省级教学团队；同年，金融工程专业被评为国家级一流专业建设点。

在教学方面，李志生教授深受学生喜爱，培养出很多优秀毕业生，第一届本科生68人，毕业后读研深造的学生近六成，其中去向为北大、清华、人大的有7人，另外有20多名学生选择了就业。他常常跟学生们分享自己的经历和经验，帮助他们选择学习方向、寻找研究兴趣、规划未来职业，为学生自身发展着想。

李志生积极推动金融学院开展国际化人才培养项目。第一个项目是CFA本科生项目，将注册金融分析师课程融入人才培养方案，该项目生源好、培养质量高、毕业生去向也非常好。第二个项目是与美国西乔治亚大学和罗德岛大学合作的"3+1"双校园、双学士学位项目。

在学校建设一流大学和一流学科建设方面，他认为要做到一流的育人环境、一流的师资队伍、一流的教研项目，自然就要建成一流的金融学科和一流的金融学院。

李志生近照

李志生说："十多年来，我是学院和学科发展的直接受益者。感谢学院深厚的人文历史积淀和学术研究氛围，让我在学术这条路上勇往直前。"除了勇攀学术研究的高峰，李志生也将大量的精力投入了教学、人才培养和管理服务工作中。

亲历金融工程学科发展

李志生亲身参与了金融学院金融工程学科的建设和发展。2006 年李志生成为金融工程教研室的一员，那时教研室一共只有七八位老师。也是从那时起，李志生开始积极参与金融工程本科专业、金融工程系的筹建工作。

李志生介绍，学校金融工程学科发展比较早，1996 年就已经有部分老师从事金融工程相关研究，有较好的基础。2003 年，金融学院新设金融工程教研室，组织力量专门从事金融工程的课程教学和学术研究；2009 年，在金融工程教研室的基础上组建金融工程系。2005 年开始招收金融工程专业硕士研究生；2007 年金融学院招收了第一届金融工程的本科生；2008 年金融工程专业开始招收博士研究生，至此形成了完整的金融工程人才培养体系。

李志生参加研讨会

如今，金融工程系教师人数已经有近 20 人，师资力量雄厚，学术成果产出能力强。国家级课题、高水平学术论文、智库研究报告，等等，成果十分丰硕。

2008 年，张金林教授和李志生教授共同主持的金融工程课程，被评为国家级双语教学示范课程，为学院第一门国家级双语教学示范课程；2019 年，李志生教授和陈红教授领衔的“微观金融核心课程教学团队”获评湖北高校省级教学团队；同年，金融工程专业被评为国家级一流专业建设点。

陪伴学生快乐成长

2007—2011 年，李志生担任第一届金融工程专业本科生 2007 级的班主任。四年时间里，他跟学生相处得非常愉快。

第一届本科生 68 人，毕业后读研深造的学生近六成，其中去向为北大、清华、人大的有 7 人，另外有 20 多名学生选择了就业。

李志生那时不到 30 岁，跟学生有很多共同话题。他常常跟学生们分享自己的经历和经验，帮助他们选择学习方向、寻找研究兴趣、规划未来职业。“我是过来人，我只希望我的学生们少走弯路，不给自己的大学生活和人生留下任何遗憾。”

李志生近照

李志生说："十多年来，我觉得最欣慰的事情，就是当老师，培养学生。这是一个最基本的工作，也是最能够体现出成就感的工作。"他说，有些论文写完了，科研项目做完了，过了几年之后，可能就已淡忘，但是培养过的学生却忘不了。

参与学院国际化建设

过去 15 年是金融学院迈向国际化的一个重要突破期。李志生深度参与了学院和学科的国际化建设与发展。他是被学院引进的第一位美国博士，2006 年至今学院已先后引进海归博士近 30 人。

李志生认为，海归教师给学院直接带来两个方面的好处：其一是学院的学术研究国际化氛围越来越浓；其二是促进学院人才培养，特别是国际化人才培养，推动了立德树人的工作。

李志生积极推动金融学院开展国际化人才培养项目。第一个项目是 CFA 本科生项目，将注册金融分析师课程融入人才培养方案，该项目生源好、培养质量高、毕业生去向也非常好。第二个项目是与美国西乔治亚大学和罗德岛大学合作的"3+1"双校园、双学士学位项目。

李志生与同事

李志生与同事

创建良好的学术氛围

怎样提升学院的学术氛围，给老师和学生创造良好的研究和学习环境，是李志生经常思考的问题。李志生说，2010 年前后，时任院长的宋清华教授特别重视学术交流，举办了很多大型学术会议，包括中国金融国际年会、中国金融工程学年会、中国金融学年会、中国保险教育论坛、中国投资学年会，等等，把国内外高水平学者和专家请来学校，一方面让学院师生近距离接触学术大牛，另一方面也对学院和学科起到了很好的宣传作用。

李志生出席大型学术活动

金融学院还有几个比较传统的论坛。“中国金融与投资论坛”办了10多届，形成了品牌，也产生了较大的影响。学院每年还出一本《中国金融发展报告》，也有10多本了。另外，还有“文澜金融论坛”，从2011年11月开始办第一期，现在已经快200期了。李志生说，很多事你把它做起来，连续做下去，影响就慢慢积累起来了。

把握好三个“新”、三个“化”

在新时代，怎么做好金融学科建设和人才培养工作，李志生说：“基本目标是要汇聚一流师资，培养一流人才，开展一流学术与政策研究。”

他认为，把握的重点是三个“新”：新时代、新技术、新经济。针对三个“新”，要做到三个“化”：直面新时代，要做到中国化；融合新技术，要做到数字化；迎接新经济，要做到国际化。

李志生与同事

怎么样做到中国化？李志生说，从事学术研究，要有全球视野，更要关注中国的现实问题，特别要重视政策研究。这是比较容易忽略的一点，很多老师更多关注学术研究，对政策研究关注得比较少。而政策研究，对于总结基本经验和基本规律、阐释基本轨迹和基本特征，非常重要。在做好研究的基础上，就进一步把中华人民共和国成立70余年、改革开放40余年来，中国经济、金融以及社会建设中的理论创新和实践经验，引入教学内容和课程体系，集中打造一批“中国”系列课程。

怎么做到数字化呢？李志生说，课程体系、教学内容，要顺应技术变革对经济、对金融学的影响，努力打造金融和数据科学、金融和人工智能科学等交叉学科，全面强化金融人才的数学思维、大数据思维、人工智能思维培养，打造一批高水平的“跨学科”系列课程。

怎么做到国际化呢？李志生说，要重视国际化人才的培养。一是开展国际化的课程，二是重视海外的学习经历和国际联合培养，打造一批“国”字头的课程。学金融的学生，不仅要学国际金融，也有必要学国际政治、国际关系、国际经济、国际贸易。这样，才能整体提高我们培养的学生在全球的竞争力。要做好国际化人才培养：一是重视学生的海外学习经历和国际联合培养；二是建设高质量的“国际”系列课程，加强国际政治、国际关系、国际经济、国际文化、国际法律等方面的知识培养；三是进一步优化西方经济学、计量经济学和现代金融学等课程的教育教学，强化国际通用的科学研究范式和研究方法培养。

打造一流金融学科

现在高校都在大力推进一流大学和一流学科建设。李志生说，学校金融学院和金融学科不仅要努力做到国内一流，还要争取做到国际一流。要达到这样的目标，他认为要在以下三个方面加强建设。

一是一流的育人环境。给教师提供良好的学术研究环境，给学生提供优越的学习环境，包括硬件环境和软件环境，这是基础。

二是一流的师资队伍。高水平学术成果的产出、高质量教学项目和课程的开设、高素质人才的培养，教师是核心，持续引进和培养高水平师资，这是关键。

三是一流的教研项目，包括教学项目和研究项目。首先，从本科、硕士到博士，从本土学生到留学生，从学位课程到非学位课程，都需要有高水平的人才培养项目，这是吸引一流生源和培养一流人才的根本保证。其次是学术研究项目，教师要有教师的专长和主攻，学院也要有学院的特色和重点，凝练学科特色、明确研究重点和未来方向，是持续产出一流学术成果的重要前提。

李志生说：“如果能培养出一流的人才、产出一流的成果，我们自然就是一流的金融学科和一流的金融学院。”

刘冬姣教授：保险教学与研究领域卓有成效的耕耘者

刘冬姣考入湖北财经学院(中南财经政法大学的前身)就读金融专业的那一年，是1980年。这一年，我国国内保险业刚刚恢复。从1959年到1979年，中国保险业中断了整整20年。1984年毕业前夕，刘冬姣就敏锐地注意到我国金融领域中保险这一新领域，并将毕业论文的选题确定为保险方向。她毕业之后留校任教，一直担任保险类课程的教学任务，至今已是36年。

这36年里，她一直从事保险教学与研究工作，其间，她曾担任中南财经政法大学金融学院副院长、保险系主任，目前兼任中国保险学会监事，全国保险专硕教指委委员，全国经济社会理事会理事，湖北省保险学会副会长，政协湖北省经济委员会副主任、常委，武汉市政府参事等诸多社会职务。

刘冬姣教授在金融学院已有40年的求学与工作经历，成为中国保险教学与研究领域卓有成效的耕耘者，在学院保险专业发展中作出重要贡献。刘冬姣当时作为保险系主任，也是保险专业首位博士生导师，全面参与组织保险专业的建设工作。2002年，中南财经政法大学保险本科专业获准重新开始招生，两年后，学校设立保险学博士和硕士专业，招收保险专业博士和硕士研究生。2011年，学校成为全国首批保险专硕招生单位。

刘教授是我国保险业恢复后较早从事保险教学和研究的学者，她的研究方向聚焦，研究中心突出，理论与实践相结合，得到学界和业界的一致认可。她主编的《保险中介制度研究》一书由中国金融出版社出版，是我国较早的一本保险中介著作，多项成果先后获得武汉市和湖北省的优秀社科成果奖。她的研究成果得到了我国保险监管部门的重视，先后承担了原中国保监会委托的我国保险业“十一五”“十三五”规划中有关保险中介发展的课题研究。其中，令她印象特别深刻的，是“十一五”时期保险中介发展研究的课题。当时，根据课题研究要求：深入研究保险中介理论，以指导“十一五”时期保险中介的发展，刘冬姣教授创新性运用产业链理论，分析了保险中介与保险产业发展的关系，得到了保险监管部门的充分认可，并将其研究成果应用在了保险“十一五”规划的之中。2018 年开始，刘冬姣教授受托研究制定《东湖科技保险创新示范区总体方案》，她迅速组建由保险系教师参与的研究团队，深入调查研究，2020 年 10 月 9 日，中国银保监会联合湖北省人民政府印发《东湖科技保险创新示范区总体方案》(银保监发〔2020〕46 号)同意在武汉东湖新技术开发区建设东湖科技保险创新示范区，这是刘冬姣教授服务社会的又一力作。

刘冬姣教授的师道精神，源于对教师职业的热爱。她说，作为师者，应该具备专业素养，悟透理论，精通业务，善于解惑。基于对教师职业的热爱，她在保险学研究领域投入大量的时间和精力，一直从事教学活动，全心全意教书育人。她获得湖北省优秀研究生导师、湖北省高校先进女职工、中南财经政法大学师德标兵等荣誉称号。

刘冬姣考入湖北财经学院(中南财经政法大学的前身)就读金融专业的那一年，是 1980 年。这一年，我国国内保险业刚刚恢复。从 1959 年到 1979 年，中国保险业中断了整整 20 年。1984 年毕业前夕，刘冬姣就敏锐地注意到我国金融领域中保险这一新领域，并将毕业论文的选题确定为保险方向。她毕业之后留校任教，一直担任保险类课程的教学任务，至今已是 36 年。

在这 36 年里，她一直从事保险教学与研究工作，其间，她曾担任中南财经政法大学金融学院副院长、保险系主任，目前兼任中国保险学会监事，全国保险专硕教指委委员，全国经济社会理事会理事，湖北省保险学会副会长，政协湖北省经济委员会副主任、常委，武汉市政府参事等诸多社会职务。

刘冬姣教授在金融学院已有 40 年的求学与工作经历，成为中国保险教学与研究领域卓有成效的耕耘者，在学院保险专业发展中作出来重要贡献。

刘冬姣近照

从零起步

中南财经政法大学金融学院的保险专业，是在整个保险行业发展对保险人才产生巨大需求的背景之下发展起来的。作为学校保险学科的带头人，刘冬姣教授见证并亲历了这一过程。

1980 年，我国开始恢复停办 20 年之久的保险业。保险业务的发展，几乎从零开始。保险公司的人员从哪来？1959 年保险停办时，保险公司的许多工作人员合并到了人民银行。因此，恢复保险之后，保险从业人员主要来自人民银行。但是，很显然人手严重不足。

在这种情况下，保险行业对高校保险人才培养的需求非常旺盛。1984 年开始，中南财经政法大学在金融学本科专业设立了保险学课程。20 世纪 80 年代后期，随着中国保险市场对内、对外开放，专业保险人才的需求更为旺盛，金融学院在金融学硕士和博士专业下设立了保险方向。当时，金融学专业保险方向的毕业生中，许多都是知名保险公司的老总，如马明哲、孙兵、关国亮、陈剖建等。

1996 年，在以周骏教授为旗帜的金融学科强力支撑之下，金融学院开始招收保险专业本科生。1999 年，由于原国家教育委员会修订了高等院校本科专业目录，仅保留了金融学专业，因此保险学专业仅作为金融学专业的一个方向。

2002 年，中南财经政法大学保险本科专业获准重新开始招生，两年后，学校设立保险学博士和硕士专业，招收保险专业博士和硕士研究生。2011 年，学校成为全国首批保险专硕招生单位。

刘冬姣当时作为保险系主任，也是保险专业首位博士生导师，全面参与组织保险专业的建设工作。刘冬姣教授说："这就是我们金融学院保险专业发展的脉络。在金融学专业发展的支撑下，从 1996 年起到 2004 年，我们构建起了保险专业本科、硕士和博士这样一个完整的保险专业人才培养体系。"

初步估算，金融学院培养的保险专业本科生，已经超过 2000 人，培养的保险专业博士和硕士研究生，超过 500 人。目前，金融学院金融专业保险方向和保险专业的毕业生，有的在保险监管部门和高校工作，有的在保险机构工作，还有的在从事与风险管理与保险相关工作。他们中不少已是保险机构的掌门人、总公司的部门负责人以及省、市级分公司的负责人，许多成为一些保险分公司中层管理者或业务精英，正在我国保险业发展中发挥着重要作用。

一个目标

刘冬姣教授认为，保险学科属于应用经济学的范畴。保险专业发展的背后，是保险行业的强力支撑。作为高校保险学专业的教研工作者，必须立足保险行业需求，培养人才，针对保险行业发展中存在的问题展开研究。基于这样的认识，她在 30 多年的研究、教学工作之中，非常注重与时俱进、学以所用、研以致用。

20 世纪 80 年代后半期，我国保险理论研究刚刚起步，刘冬姣教授积极参与保险基本理论研究，针对有关保险的性质是什么、保险的职能等基础问题展开研究。90 年代上半期，随着中国保险市场的开放，她开始围绕保险资金的运用、保险业务的发展、国际保险市场发展等问题展开研究。90 年代中期开始，她的主要研究方向是保险市场行为和保险中介制度，在保险中介领域的研究在全国有较大的影响。

刘教授说，保险中介是保险产业链的重要一环。在全面上下都在研究国内外保险的发展时，她发现，任何一个国家的保险发展，都离不开保险中介的发展。在一定程度上，保险越发展，保险中介越发达。与此同时，保险中介对促进保险作用的发挥也有重要作用。20世纪90年代后半期，伴随人身保险的发展，中国的保险中介也迅猛发展，但存在很多不规范的问题，于是，她就把研究重心放在了保险中介这个领域。

刘教授是我国保险业恢复后较早从事保险教学和研究的学者，她的研究方向聚焦，研究中心突出，理论与实践相结合，得到学界和业界的一致认可。她主编的《保险中介制度研究》一书由中国金融出版社出版，是我国较早的一本保险中介著作，多项成果先后获得武汉市和湖北省的优秀社科成果奖。她的研究成果得到了我国保险监管部门的重视，先后承担了原中国保监会委托的我国保险业“十一五”“十三五”规划中有关保险中介发展的课题研究。其中，令她印象特别深刻的，是“十一五”时期保险中介发展研究的课题。当时，根据课题研究要求：深入研究保险中介理论，以指导“十一五”时期保险中介的发展，刘冬姣教授创新性运用产业链理论，分析保险中介与保险产业发展的关系，得到保险监管部门的充分认可，并将其研究成果应用在了保险“十一五”规划的之中。

她说：“作为一个高校保险教学研究工作者，从保险发展的现实问题出发展开研究，提出有针对性的对策、建议，并能应用在我国保险管理与发展的决策之中，我有很强的自豪感。”

刘冬姣委员：

你提出的《关于武汉市全面实施科技保险的建议》被评为十一届四次会议优秀提案

政协武汉市委员会

二〇一一年元月

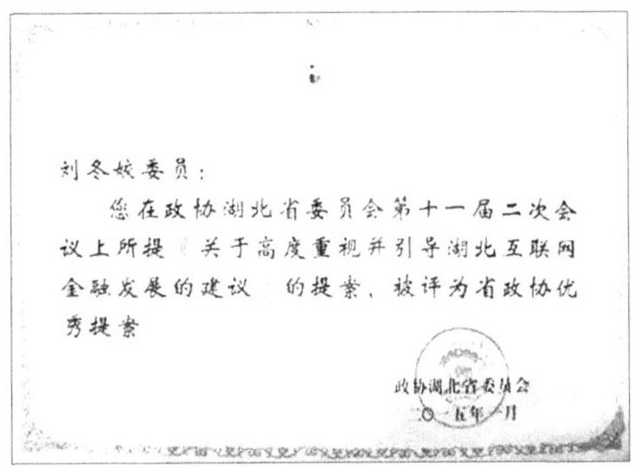

刘冬姣委员：

您在政协湖北省委员会第十一届二次会议上所提《关于高度重视并引导湖北互联网金融发展的建议》的提案，被评为省政协优秀提案

政协湖北省委员会

二〇一五年一月

荣誉证书

刘教授除了重视在保险专业领域的研究之外，还非常注重利用所担任的社会职务，就如何运用保险服务社会经济发展参政议政，她说：“我一直坚持一个原则，就是服务社会，把我的专业知识应用在社会经济的发展中。所以，我通过提案、建议等方式，向政府有关部门提交相关的决策建议，很多的决策建议被采纳。”

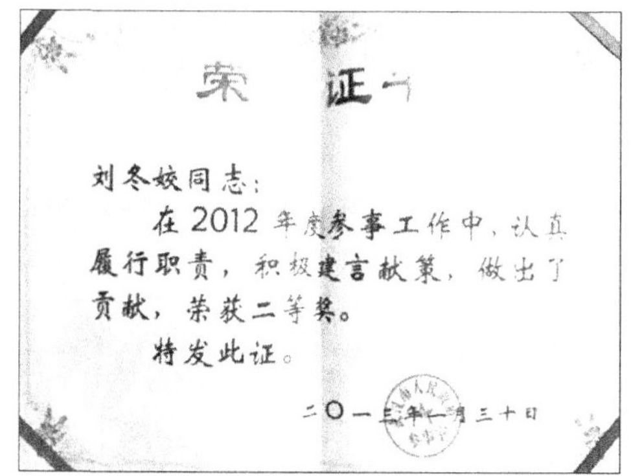
荣 证

刘冬姣同志：

在2012年度参事工作中，认真履行职责，积极建言献策，做出了贡献，荣获二等奖。

特发此证。

二〇一三年[illegible]月三十日

荣誉证书

刘冬姣参事：

在2015年度参事文史工作中，认真履行职责，积极建言献策，做出突出贡献，荣获二等奖。

特发此证。

2016年[illegible]月27日

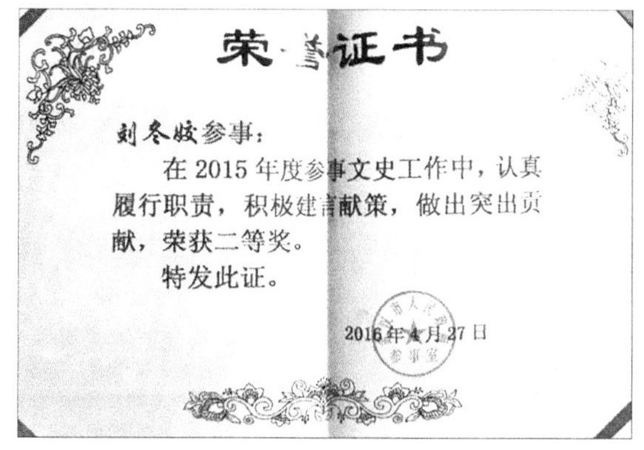
荣誉证书

刘冬姣参事：

在2015年度参事文史工作中，认真履行职责，积极建言献策，做出突出贡献，荣获二等奖。

特发此证。

2016年[illegible]月27日

荣誉证书

对刘冬姣教授来说，特别有意义的一件事是，针对农业保险对农业的保障作用，她提交了一个提案：关于在“1+8”城市圈开展政策性农业保险试点的建议。

近年来，“三农”问题一直是国家关注的重点。保险怎么助力“三农”问题的解决？刘教授当时是湖北省政协常委，每年都到基层考察，特别关注农业风险对农村的威胁。农业风险一旦发生，影响面非常广，不是一家一户，而是成片受灾。农民抗风险能力比较弱，农业保险如果按照纯商业保险运作，费率高，农户承受不起。

刘教授提出，湖北是一个农业大省，农业发展基础比较薄弱，风险也比较大，应该在湖北试点政策性农业保险。

这个建议迅速得到重视，湖北省副省长亲自督办，当年就落实了。后来，这个提案被评为省政协优秀提案，获得湖北发展研究奖三等奖。

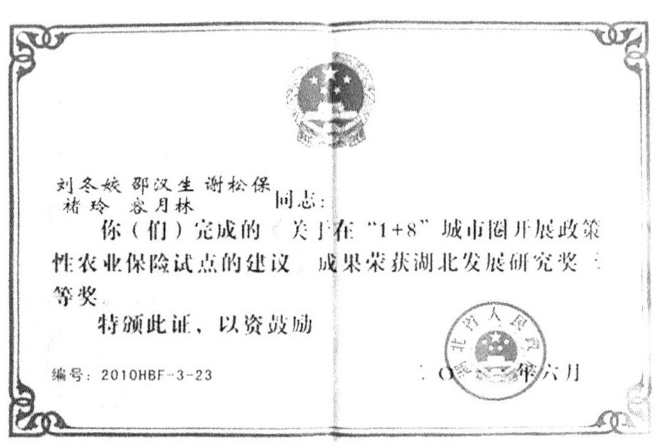

刘冬姣 邵汉生 谢松保
褚玲 容月林 同志：

你（们）完成的关于在"1+8"城市圈开展政策性农业保险试点的建议成果荣获湖北发展研究奖三等奖。

特颁此证，以资鼓励

编号：2010HBF-3-23

年六月

荣誉证书

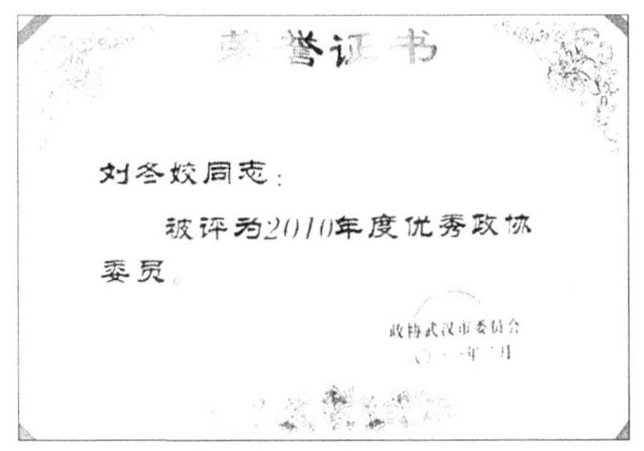

荣誉证书

刘冬姣同志：

被评为2010年度优秀政协委员。

政协武汉市委员会

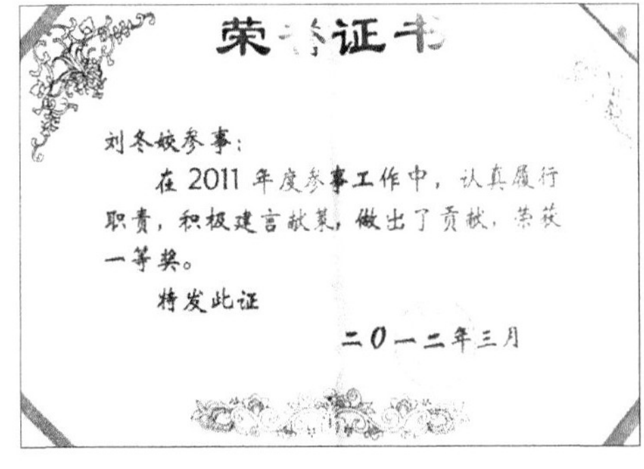

荣誉证书

刘冬姣参事：

在2011年度参事工作中，认真履行职责，积极建言献策，做出了贡献，荣获一等奖。

特发此证

二〇一二年三月

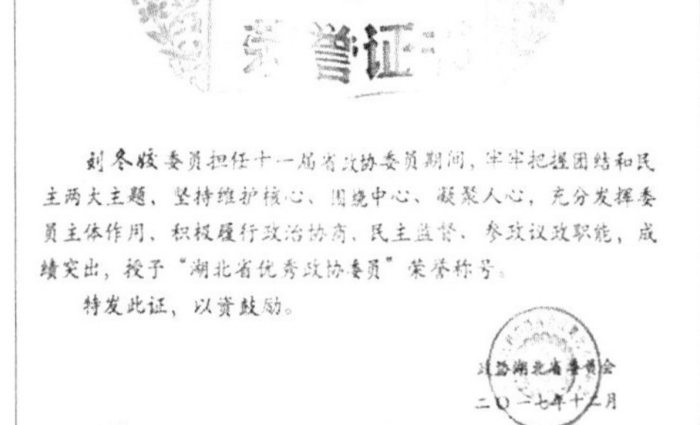

荣誉证书

刘冬姣委员担任十一届省政协委员期间，牢牢把握团结和民主两大主题，坚持维护核心、围绕中心、凝聚人心，充分发挥委员主体作用，积极履行政治协商、民主监督、参政议政职能，成绩突出，授予"湖北省优秀政协委员"荣誉称号。

特发此证，以资鼓励。

政协湖北省委员会

二〇一七年十二月

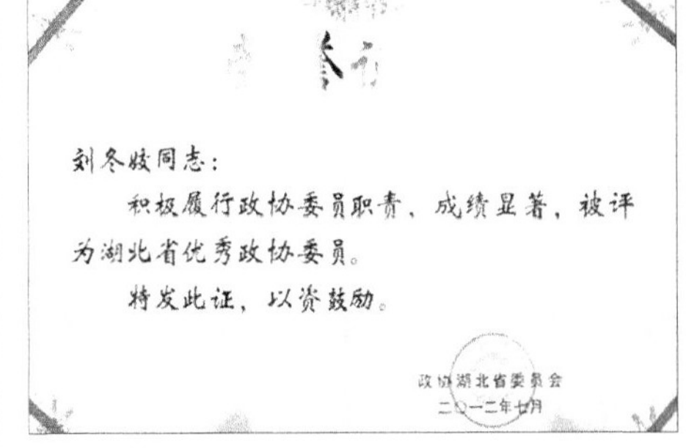

刘冬姣同志：

积极履行政协委员职责，成绩显著，被评为湖北省优秀政协委员。

特发此证，以资鼓励。

政协湖北省委员会

二〇一二年七月

荣誉证书

理论研究和市场实践紧密结合。刘冬姣的研究成果具有很强的针对性和可操作性，获得社会的好评，刘冬姣也多次被评为省、市优秀政协委员。

2018 年开始，刘冬姣教授受托研究制定《东湖科技保险创新示范区总体方案》，她迅速组建由保险系教师参与的研究团队，深入调查研究，2020 年 10 月 9 日，中国银保监会联合湖北省人民政府印发《东湖科技保险创新示范区总体方案》(银保监发〔2020〕46 号)同意在武汉东湖新技术开发区建设东湖科技保险创新示范区，这是刘冬姣教授服务社会的又一力作。

两个热爱

在学生眼中，刘冬姣教授颇具师者风范。

她的学生叶安照在专著后记中写道："在求学、治学以及最终的毕业论文研究过程中，导师刘冬姣教授以宽容、睿智、严谨的师者风范，对论文选题、研究框架、创新点及研究方法等，都给予了无私、悉心的鼓励、鞭策和教育。在这过程中的言传身教，不但让我得到了学术思想和研究能力的提高，更得到了为人师者的那份宽容和奉献精神的榜样激励。"

叶安照回忆说，事实上，其早年完成的硕士毕业论文，也是建立在刘教授的学术思想基础之上，当年虽未谋面，但正是刘教授的《保险中介制度研究》展现的学术思想和研究方法，指引其顺利完成当年的硕士论文，使之有机会进入保险行业工作，获得了对保险经营管理、保险监管和保险发展的直观体验，并对其十多年来的理论研究和学术思想产生了深远影响。

刘冬姣教授的师道精神，源于她的两个"热爱"。

其一，是对教师职业的热爱。她说，作为师者，应该具备专业素养，悟透理论，精通业务，善于解惑。基于对教师职业的热爱，她在保险学研究领域投入了大量的时间和精力，一直从事教学活动，全心全意教书育人。她先后获得过湖北省优秀研究生导师、湖北省高校先进女职工、中南财经政法大学师德标兵等荣誉称号。

其二，是对学生的热爱。她刚当老师的时候，学生的年龄跟她差不多。那时，她把学生当成朋友，经常跟学生交流，征求学生有关课程教学内容、教学方法改进的意见，和学生共同成长。随着年龄的增长，她越来越多地把学生当成自己的孩子。一方面，以高标准严格要求他们，对他们存在的问题，毫不客气地指出来；另一方面，看到他们取得的成绩，她由衷地高兴，毫不吝啬地加以褒奖。

三个方法

刘冬姣教授把对学生的热爱，化为对他们求学、治学的热切期盼，尤其注重培养学生的研究能力，教导学生夯实理论基础，掌握现代研究方法，遵循“治学之道”。她说：“我毫无保留地把自己从事研究的一些感悟、体会教给他们，培养他们的专业敏锐性，要求他们博览群书，严谨求学。”

她认为，传统保险要发展，需要不断创新、不断变革，顺应时代和科技发展的要求。学生首先要培养自己的专业敏锐性，捕捉现实生活中值得研究的问题，理论联系实际开展研究。

保险行业发展中的新问题、新业态，都是她平时课堂教学里组织学生研讨的重要主题。她经常教导学生以服务社会经济发展为己任，强化学生们的责任感和使命感，引导学生理论联系实际，关注社会经济的热点问题，开展社会调查和社会实践活动，培养学生分析解决现实问题的能力。刘教授说：“学生们思想非常活跃，接受新事物的能力也比较强，为了培养学生的专业意识、创新精神，我鼓励他们围绕热点问题展开研讨，大胆提出新的见解、新的理念，培养他们的创新意识。”

她还认为，博览群书更是必不可少的。她在指导学生论文时，总是告诫学生：正式写作之前，要围绕自己的选题，对研究领域内所有国内外的研究成果进行全面梳理。通过梳理，发现问题，确定自己的研究主题、内容和方法。在这个基础上开展研究，就意味着是站在别人的肩膀之上，最后的研究成果才有可能具有创新性。

刘教授重视对学生的“为学”“为人”教育，要求学生严谨求学。她说：“目前我们学位论文进行的重复率检测、盲评，在某种意义上也是试金石，你稍有懈怠，都能够显现出来。我一直要求学生，要认认真真地做事，踏踏实实地做人。做人和做事之理，都体现在论文的写作之中。”

实际上，刘冬姣教授严谨治学的态度，源自她的老师，受益于她的老师。在她的求学生涯中，她的老师们对她倾注了大量心血，在研究方法和治学态度上给了她很多指导。尤其是她的博士生导师周骏教授，教导她做学问要“顶天立地”：一方面能够“顶天”，跟国际的理论前沿接轨，另一方面能够“立地”，和中国的国情相结合展开研究；同时，扎扎实实做学问，不唯上，不唯理论，要把学问内化于心。

刘教授说：“我对学生的指导，实际上，也是把我的老师怎么教我的，教给学生。”

四个经验

二十多年来，中南财经政法大学保险专业的发展，得到了国内同行的高度认可，在保险专硕教指委首次针对保险专硕的评估中，学校的保险专业硕士排名全国第四。动手能力和创新能力强、发展潜力大，是用人单位对保险专业毕业生的普遍评价。刘冬姣教授是保险学科带头人，她说，保险学科建设的成果，是在学校和学院的正确领导之下不断探索与创新的必然结果。保险学科发展的经验，可归纳为四个方面。

第一，重视教师队伍的建设。刘教授说，教师是人才培养的基础，或者说最核心的力量。近年来，保险专业的教师走出去，跟国际前沿接轨，跟市场接轨，把国际前沿的保险理论和火热的市场发展动态，带到课堂上来，带到自己的书斋中去。最近几年，保险专业的教师有获得全国教学竞赛一等奖的，也有的承担国家自然科学基金、社会科学基金以及保险监管部门的一系列重大的研究项目，在高水平期刊上发表保险专业论文的，这充分体现了教师队伍建设的成效。保险专业教师队伍中，还有30多位是从保险行业聘请的兼职教授或合作导师，是学院打造应用型人才培养的重要力量。

第二，重视课程建设和教材建设。金融学院的《人身保险》教材，成为“十一五”“十二五”国家级规划教材。保险学课程也成为湖北省精品课程和湖北省精品资源共享课程。有两个教学案例获得全国保险专硕的优秀案例，并被收入全国研究生教学案例库中；一门慕课在上线，这些都彰显出课程建设和教材建设的成效。

第三，重视应用型人才的培养。根据保险专业人才培养的特点和要求，专业教育与国内外理论前沿、市场前沿接轨。金融学院和保险专业国际知名的高校建立联系，与国内外知名的学者建立联系。同时，也把市场前沿资讯引入课堂教学。刘教授说，2000 年，金融学院和新华人寿保险公司建立合作关系，成立新华金融保险学院。双方合作持续了 10 多年，对学校保险专业的发展，起到非常重要的作用。学院还和许多保险公司签订实习基地协议，保证了保险专业人才培养植根于行业发展的沃土。

第四，不断凝练保险专业特色，打造亮点。比如在专业建设方面，根据保险行业发展精细化要求，在保险学专业的基础之上，增设了精算师方向，并与英国精算师协会建立联系，把英国精算师考试和课堂教学结合在一起，打造专业发展的亮点。

刘冬姣教授说，金融学院保险专业的发展，需要不断打磨特色、彰显亮点，过去如此，将来也是如此。

郭曼如：学子们难忘的“郭老师”

1956年郭曼如被保送到中南财经政法大学(原中南财经学院)读本科。1958年转到长贷班(长贷班即中南财经政法大学“基建”专业的前身)学习。大学期间，多次被评为先进人物，1960年还被校党委评为“三丰收”积极分子，同年，郭曼如作为中南财经学院第一届“基建”专业的毕业生，因品学兼优，光荣留校任教。为了更有效地投入新的教学工作，郭曼如积极主动地到武汉市各银行实际部门去调研和学习。

据1982届“基建”专业校友回忆，郭曼如老师对学生像是对自己的孩子一般，十分关心、体贴，学生们有什么事情，她总是真心实意、尽心尽力去帮助解决，在学生中威望很高，深受同学们的爱戴。

中南财经政法大学原“基建”专业的1975级、1976级、1977级、1978级、1979级同学，多年来，都记得系里的“郭老师”。

2015年新教工入职典礼上，原党委书记张中华讲述了校友陈四清在校期间的往事。

当时，陈四清生病住院，郭老师数次代表学校到医院去看望他，并主动与医院相关方面联系，督促医院采用中西医结合的方法——这让陈四清铭记于心。

陈四清担任中国银行行长后，还多次专门看望郭老师。他说：“是学校给了我新的生命，中南大是我永远感谢、感恩、感激的母校。”

这位慈母般的老师，不仅陈四清同学念念不忘，中南财经政法大学原“基建”专业的很多同学，也都感怀在心。

“郭老师”叫郭曼如，出生于1934年3月6日(农历二月初二)，老家在湖南长沙县高仓。在她的记忆中，母亲出身书香门第，知书达理，“老吾老以及人之老，幼吾幼以及人之幼”是母亲的真实写照。深受中国传统文化影响的母亲，对子女从来都是言传身教，所以心地善良，家风淳朴。

中华人民共和国成立后，经历了旧社会的郭曼如一家人，看到了光明。她的三个哥哥先后加入中国共产党，并全身心地投入祖国的建设中。这对少年的郭曼如，无异于巨大的正能量。

新成立的中华人民共和国，百废待兴。郭曼如响应党的号召，1953 年初中毕业后，通过参加统考，如愿考入湖南银行学校。

1954 年春夏，洞庭湖区遭遇特大洪水。入冬，湖南省委从全省抽调数万干部，开展规模空前的治湖行动。在湖南银行学校读书的郭曼如，和同学们一起，毅然决然地奔赴工地。在治湖第一线，她听党指挥，学以致用，吃苦耐劳，曾立功一次。

1956 年，毕业前夕，郭曼如光荣地加入了中国共产党，并且被保送到中南财经政法大学(原中南财经学院)读本科。

当年 9 月，郭曼如离开长沙，只身到了武汉上大学，在中南财经学院就读信贷专业。

1958 年，应国家经济发展的需要，学校新成立了长贷班。郭曼如服从组织安排，转到长贷班(长贷班即中南财经政法大学“基建”专业的前身)学习。大学期间，她多次被评为先进人物，1960 年还被校党委评为“三丰收”积极分子。

在大学里，郭曼如遇到了她的终身伴侣张楚根。他是贸易经济专业的调干生。两人于 1960 年同时留校，并于 1961 年结婚，从此在中南财经政法大学校园相守至今。

1960 年，郭曼如作为中南财经学院第一届“基建”专业的毕业生，因品学兼优，光荣留校，成为大学老师。但是，受 3 年自然灾害的影响，全国基建下马，“基建”专业停止了招生。郭曼如听从组织安排，服从组织分配，先后在教学、行政等不同部门从事多种工作。工作中，她任劳任怨，从不挑三拣四，得到了大家的好评。

1974 年，学校拟恢复“基建”专业，并成立了由校、系领导和教师参加的专业筹备组，其成员有李瑞华、李平、卢石泉、陈启中、戴健群、杨冬生、郑汝铭、郭曼如、赵宗仁、吴昌腾等同志。

郭曼如夫妇

郭曼如与同事及学子

郭曼如与李瑞华、陈启中、赵宗仁、郑汝铭五人，先后去了辽宁、天津、大连、北京等几个地方调研。在八达岭长城，郭曼如、李瑞华、陈启中合拍了一张珍贵的照片。

郭曼如与同事

筹备组成员在走访调查和收集大量资料的基础上，研究拟定了“基建”专业的建设方案、课程设置，初步确定了专业的教学内容，组织了相关教材的编写和师资培训等工作。

为了更有效地投入新的教学工作，郭曼如积极主动地到武汉市各银行实际部门去调研和学习。

1976年，郭曼如因身体原因，不得不离开教学岗位，转到投资系办公室从事行政工作。但是，她始终如一地热爱党的教育事业，全身心地投入教育工作。

1988年，郭曼如调到学校党委组织部。

1990年退休。

郭曼如自豪地说：“我几十年来，一直在中南财经政法大学，在教书育人的岗位上，勤勤恳恳、默默无闻地奉献了一辈子，我感到很欣慰!”

郭曼如与学子

年复一年，郭曼如送走一届又一届学生，而一届又一届学生记住了她。

据 1982 届“基建”专业校友回忆，郭曼如老师对学生像是对自己的孩子一般，十分关心、体贴，学生们有什么事情，她总是真心实意、尽心尽力地去帮助解决，在学生中威望很高，深受学生们的爱戴。

郭曼如与同事及学子合影

回忆往事，郭曼如老师记忆犹新。那时候，基建财务信用系 1977 级的学生有 100 多人，郭曼如可以全部叫出他们的名字，甚至学生家里是什么情况，她脑子里都一清二楚。

郭曼如了解他们，关心他们，许多学生在心里把她当作自己的良师益友。他们毕业后回校聚会，见到郭老师，都非常激动，更有学生流着眼泪说："郭老师，我们多少年没见过了哇！"甚至当年的学生们都已经退休了，只要回武汉，都要到家里去看望郭老师。

郭曼如与同事

谈起学生，郭曼如老人的神情和话语之中洋溢着欢快和幸福。她今年 86 岁，慈祥平和，言谈谦逊，优雅有礼，时时呵呵一笑，尽显乐观豁达的心态。

"听党的话，从不计较，真心待人"是郭曼如老师一生秉持的原则。她的女儿说：母亲是"寸草春晖"的典型代表。

一所大学，有这样一位"郭老师"，让一代又一代学子更加懂得了付出，更加懂得了感恩。

李一芝：改革开放后中国第一位金融专业女硕士

从中国人民大学毕业的李一芝，通过自己的艰苦努力，成为1978年全国金融专业招收的15名研究生中的唯一一名女生。研究生毕业后，李一芝和她的同学们很快成了教学，科研的骨干，挑起了学院乃至学校的大梁，承担着繁重的本科和研究生教学任务，她教学认真负责，深受学生们欢迎。在科研方面，李一芝也一直刻苦努力。她说，一名高校教师若不搞好科研，教学也不会有深度。李一芝先后共发表专业论文、译文50多篇，有多篇论文还发表在当时国内顶级的金融学术刊物《金融研究》上。1989年，李一芝在苏联任访问学者期间完成的论文，发表在苏联国内一流学术刊物——莫斯科财经学院院刊上。她主编的《市场经济实用手册》《财政与金融》等获科研成果奖。在中南财大，李一芝由于教学，科研成绩突出，很快就成长为财大当时最年轻的一批副教授之一，陆续囊括了中南财大各种奖项：教学优秀奖、科研成果奖、开新课奖、优秀党员奖。

1994年，李一芝调到北京农业职业学院并组建了金融专业，利用在中南财大金融学院学习到的专业知识、锻炼出的管理能力，一步步将这个新专业建立并成长起来。在财大金融学院的帮助下，2003年，李一芝的团队写出一本《农村财政金融》，被评为北京高校教材的精品立项教材。

1978年，湖北黄石的一所学校(今湖北理工学院)里，33岁的青年女教师李一芝，正在和学校领导谈话。谈话的起因，是全国高等院校恢复研究生招生，李一芝立刻报名参加了。

领导苦口婆心地对她说："你家里生活条件都不错啊，还要考学干什么，你是要升官还是要加工资，还是要分房子，我们什么都可以给你，你就不要去读书了，好吗？”

李一芝回答：“我什么也不要，我就是要一个深造的机会，提高自己的专业水平，能够为国家服务。为了这一天，我已经等待了10年之久，确切地说，应该是13年。我专业知识学得根本就不行。如今，有这么好的学好专业本领的机会，我是不能放过的。”

领导沉默了一阵后，同意了她的请求。

天山雪莲百折不挠

从中国人民大学毕业的李一芝，一直对自己的大学时光感到遗憾，尽管她的成绩优异，门门功课都是第一，但在学校的五年里，一年时间搞“四清”运动，两年时间被“文化大革命”耽误，学习专业知识的机会满打满算不过两年。她常常自问：“浪费了如此多宝贵的时光，我的知识水平够吗？我还算是个真正的大学生吗？”

气若幽兰的李一芝

正当她为大学荒废那么多时间而遗憾时，更大的苦痛正向她袭来。1968 年毕业时，因为被人诬陷，成绩优异的她被发配到了新疆。

李一芝回忆："去新疆之前，我从来都是受表扬的，没有受过任何的挫折。被发配到新疆的解放军农场大学生连后，这里劳动生活非常艰苦，我的思想也很苦闷，有很多想不通的事。这种情况持续了几年。后来，我想通了，一个人如果什么困难都不怕，他一定会取得很大的成绩，取得最终的胜利。我开始直面苦难，调试自己的心境，从一个不懂事、不了解社会的女大学生，逐渐在新疆艰苦的环境里百炼成钢。有了新疆的那几年锻炼，回过头来看，我什么困难都不怕了，这对我以后的生活、工作、学习都有特别大的帮助。"

此时，幸福也开始来临。在新疆，李一芝遇到了终身伴侣陈明道。这位上海华东政法学院毕业的高材生，主动要求来新疆锻炼，成为当时青年的楷模。因为在一起工作，他俩逐渐熟悉，一起锻炼成长，最终走到了一起。陈明道曾送给李一芝一首小诗："站在戈壁滩上的你，好像天山上的一朵雪莲，请博格达峰作证，我深深地爱着你。"爱情为李一芝苦痛的岁月注入了甜蜜的气息。

博格达峰见证的爱情，天荒地老矢志不渝。这也是李一芝报考的底气之一。尽管家中两个幼儿才四五岁，正是需要母亲温暖的时刻，陈明道对李一芝说：你放心报考吧，家中万事有我呢。

李一芝报考的目标，是湖北财经学院金融系（今中南财经政法大学金融学院）研究生。在那备考的一个月里，她白天工作，晚上复习，半夜疲惫之时，就推开窗户，听着从上海开来的江轮那长长的汽笛声划破夜空。最后，她的考研初试终以高分通过。

接下来，面对是淘汰率达到 50%的复试。复试通知书上写明了两本指定参考书，可李一芝跑遍黄石所有的书店和图书馆，根本找不到这两本书。她能通过吗？

拼命三娘不舍昼夜

万般无奈，李一芝怀着一线希望，给中国人民大学校长黄达教授和中南财大金融专业招生教授谭寿清各写了一封求助信。

对于这个大胆的举动，李一芝是这样回忆的："当时的中国金融理论界，我能叫上名字的只有两个人，第一个是黄达，他是金融理论界的金字招牌，当时任中国人民大学的校长。我为什么求助于他？因为我在中国人民大学读本科的时候，他是我的系主任，我是尖子生，他或许还记得我，我就试着给他写信。第二个人，就是谭寿清教授，当时财大金融专业招研究生，挂的名头就是谭寿清教授招研究生，我就给他写信，我在信中说，'您能否让我早来一个星期，让我到学校图书馆里找找这两本书，我不求搞懂，但至少让我翻翻看看目录，知道它们讲的是什么吧。'"

很快，两个教授都给她回信了。金融大家黄达把自己的私人藏书寄给了李一芝，谭教授同意让李一芝提前到学校招待所住着，去图书馆借书来复习。

李一芝的毕业照

越努力的人越幸运。在招待所的油灯下，刻苦复习的李一芝，感染了居住在招待所的一对老革命夫妇。这位老革命，就是新来履职的中南财大党委书记邓周立。邓周立特意对招生办的人打招呼：如果那个女生复试的成绩很好，你们就要一视同仁，跟男生一样，不能因为是女生而歧视不录取。

最终，李一芝顺利通过复试，成为 1978 年全国金融专业招收的 15 名研究生中的唯一一名女生。

李一芝珍惜这得来不易的学习机会，珍惜一路上贵人的扶持和提点，她唯有拼命学习，玩命钻研，来回报师长和学校，为报效国家作准备。

1978 年入学的第一届金融研究生实在是太拼了，当时的本科生说，想知道校园里哪些人是研究生吗？就是那些胡子最长，袖口黑得油光发亮的人……李一芝为了学习，也暂时抛舍下小家。有一年暑假，5 岁小儿子可怜巴巴地对她说："妈妈，跟你们老师说一说，换爸爸去当研究生吧，一人半年，行吗？妈妈，我好想你，总是梦见你，一梦见你，我说跑过去追你，结果你就不见了。"

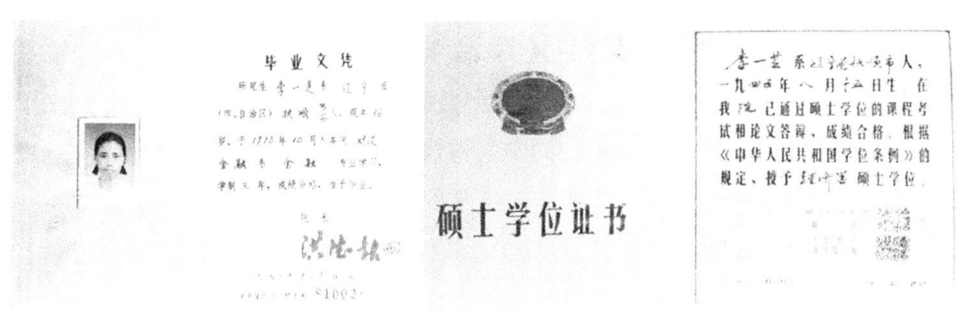

李一芝的毕业证书

研究生毕业后，"中国改革开放后第一位金融专业女硕士"的荣誉桂冠就永远戴在了李一芝头上。对于这个荣誉，李一芝说，"当时哪注意什么第一位女硕士哦，不管男的女的你进了学校门，你就得玩命，你就得取得好成绩。你是女士怎么了？女士更不能落在男士后面，男女都一样。老师对我们要求也格外严格，不会说你是女生，你有俩孩子，你是妈妈就对你网开一面，你必须得达到国家的检验标准。再说，我当时的心里想的就是学好专业知识，为国争光。后来，别人老对我说我是'第一位女硕士'，也为我增添了更多动力。我必须加倍地努力，才能不辜负这个头衔。"

李一芝与恩师和同事

又红又专谱写辉煌

研究生毕业后，李一芝和她的同学们很快成了教学、科研的骨干，挑起了学院乃至学校的大梁。李一芝一直承担着繁重的本科和研究生教学任务，她教学认真负责，深受学生们的欢迎。

李一芝与同事

有一年，财政班学生张化桥、杨叶等人听了李一芝的授课，选择“背叛”财政专业而报考金融专业研究生。这把财政系主任急得跳脚，他去找李一芝“兴师问罪”：“你上课时讲了什么？是不是天天都说金融好，弄得财政专业学生都跑到金融去了？”李一芝很傲气地回复：“我只有 50 个小时的课时给财政班的学生讲金融，你却有 100 个小时的课时讲财政，学生们应该更爱财政才对啊？”

傲气是有资本的。多年后，李一芝对自己的讲课风格进行解码：“尽管过去几十年，很多学生们见到我，就说喜欢听我的课，说我一进了教室，上讲台就满面笑容的，当时都被我吸引住了。其实，课要讲得好，要有吸引力，是有门道的。一个就是要认真备课，认真和不认真，你自己知道，学生也知道，欺人却欺不了心。第二个就是说要生动活泼，枯燥地讲，和生动活泼地举很多现实当中的例子讲，和学生的生活密切地联系起来讲，那效果是完全不一样的。学生会非常喜欢听。这是要下工夫的。”

李一芝与俄罗斯小朋友

在科研方面，李一芝也一直刻苦努力。她说，一名高校教师若不搞好科研，教学也不会有深度。李一芝先后共发表专业论文、译文 50 多篇，有多篇论文发表在当时国内顶级的金融学术刊物《金融研究》上。1989 年，李一芝在苏联任访问学者期间完成的论文，发表在苏联国内一流学术刊物、莫斯科财经学院的院刊上。她主编的《市场经济实用手册》《财政与金融》等获科研成果奖。在中南财大，李一芝由于教学、科研成绩突出，很快就成长为财大当时最年轻的一批副教授之一，陆续囊括了中南财大各种奖项：教学优秀奖、科研成果奖、开新课奖、优秀党员奖。

一九八三八四年度优秀科研成果证书

湖北财经学院

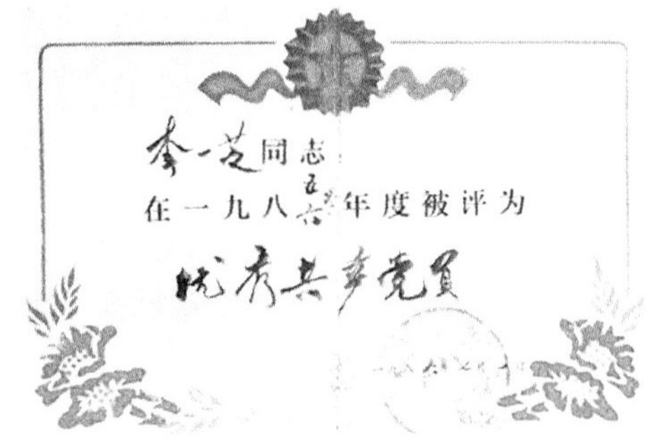
李一芝同志：

在一九八五六年度被评为

优秀共产党员

荣誉证书

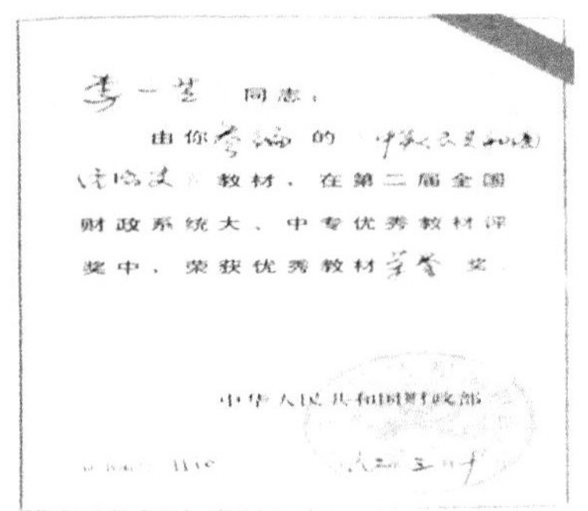
李一芝同志：

由你主编的……教材，在第二届全国财政系统大、中专优秀教材评奖中，荣获优秀教材荣誉奖。

中华人民共和国财政部

李一芝的荣誉证书

教学科研两开花，信仰奉献不曾忘。作为一名党员教师，李一芝始终有意识地在专业课教学中，润物无声地把对学生的思想品德培养融入其中，深受学生好评，他们说："李老师不仅教给我们专业知识，而且教会我们如何做人。"那时候没有人愿意当辅导员，当辅导员管学生，多少会耽误时间，很多人不愿意干。党组织要李一芝当兼职的辅导员，李一芝二话没说就答应下来，她一边搞教学，一边搞科研，而且辅导员工作做得非常认真，她所带的金融专业1982级这个班最后成为了优秀班集体。

湖北财院　　一九八一年一月二十日　　第二版

有志气的"媽媽研究生"

——记优秀共产党员　李一芝

寒假到了，热闹的校园一时冷清起来，偌大的宿舍楼也显得空荡荡，静悄悄。而这时，在七八级研究生的宿舍里，一位三十多岁的女同志，正埋头在专业书丛中，凝神攻读。一封刚拆开的催她回家的书信就摆在旁边。墙上的日历告诉人们离春节已只有几天了。此刻，千千万万热气腾腾的家里，人们正高高兴兴地在团聚，在忙年。而这里的气氛却如同平时每一个学习日那样宁静、专注……。春节前，她回到了家。六岁的小儿子，一个活泼可爱的小傢伙一边搂着她，一边用手比划着脸可怜巴巴地说："妈妈，我想你都想得流眼泪了。我做梦总看见你。我赶忙跑过去，一过去，你就没了，这回可别走了，该轮到爸爸去当研究生了，你们换一换吧。"一席话，说得妈妈含着眼泪笑了。但是，仅过了几天，她又登上了去武汉的火车。孩子在车站大声喊叫：妈妈，别走，别走行不行啊！她来不及多看几眼送行的爱人和孩子，列车轰隆隆地启动，风驰电掣般地把她带向自己日夜萦思的学习岗位——湖北财经学院。她就是我院金融专业78级研究生、优秀共产党员——李一芝。

就在这个短短的寒假里，她利用候车、乘车、在家的时间，把一学期的功课重点地复习了几遍。又认真地预习了下学期的新课。十天时间没有上过一次街，没有在家务事上花精力。邻居们说，你这个研究生可真当得辛苦啊！

李一芝入学前有一个适意的工作岗位和温暖的小家庭。一听说她要考研究生，有的就说，你工作、生活条件这么好，何必自找苦吃。有的说，一个女同志，每月五十多元工资可以了，你还想什么呢？两年来，她一门心思扑在学习上，不讲吃，不讲穿，用功到了目不窥园，足不出户的程度。她家离武汉只有三小时的火车路程，除了一再推迟的假期外，她从没有回过家。对此，人们有各种议论，有的说"李一芝不简单"，也有的说"太狠心"，"是一个好同志，但不是一个好妻子。"李一芝是如何想的呢？

她说，我是六八年的大学毕业生。四人帮夺去了我八年的宝贵学习时间。粉碎四人帮以后，党中央吹响了向四化进军的号角。我为四化的壮丽蓝图欢欣鼓舞，又为国家的贫穷落后不安，还为自己缺乏专业知识而焦急。如果说，我一定有什么想法的话，那就是我热爱祖国，希望祖国富强；我热爱人民，希望人民幸福。作为一个共产党员，我渴望成为一个适应四化要求的又红又专的革命者，在这种情况下，党和人民给予了我又一次深造的机会。在全国人民为了四化紧张奋战的情况下，作为一个将近中年的女同志能够重入大学学习研究，该多么难得、多么宝贵，我该又是多么高兴啊！如果自己不能横下一条心专心搞好学习，怎能对得起党、对得起人民！人非草木，谁能无情。中年入学，抛家别子，思想也不是没有波动的。但是，我是妻子，是母亲，更是一个共产党员。我爱亲人子女，更爱党、爱革命事业。我不是一个没有感情的人。我对党的爱，对四人帮的恨比山高，比海深；这火一般的感情，时时激励着我，给了我强大的学习动力。在它面前，一切个人的暂时困难，情感的波澜都算不得什么了。

正是这样，她把一双小儿女送到了遥遥千里之外的大同市父母家，把一家分做了三处。她自觉地给自己加压力。除了教学计划规定的课程，又加修了经济学说史、第二外语。她抓紧一切可以利用的时间学习，每天要学习十几个小时。晚饭后，星期天，节假日都不放过。年纪大了记忆力差，学习外语吃力，别人读五遍，她就读十遍二十遍。她还认真探索总结科学的学习方法。认真做好预习、笔记、复习；勤奋多问；抓住基本问题，突出重点，反复练习。外语丢了十几年，刚进校连字母都读不准。她特别注意严格要求，注重理解，反复记忆，大量练习。老师布置的作业份量已经够大了，她还要额外做上几倍，每次作业都是好几十张，厚厚一大叠。终于在短时间内打下了扎实基础，阅读翻译基本过关。俄语结业考试得到全班第一。选修的第二外语（英语）又得到三次第一。其它课程也达到全优。

李一芝说，我总认为，一个军队要有士气，一个革命者要有志气。她喜爱著名科学家居里夫人的生活箴言："决不屈服"。负担重，年纪大，攻关难，她都不屈服。而是总在问自己：你是否起到了一个共产党员的模范作用。一个警钟般的声音时时在她耳边回响：一定要把四人帮耽误的时间夺回来！一定要成为一个为人民需要的又红又专的人材。她就是在这种精神鼓舞下渡过了苦战的两年，奋斗的两年，以出色的成绩向培养她的自己的党和人民作了回答。

校报关于李一芝的报道

李一芝与恩师

李一芝的导师周骏教授曾对她说：“我最欣赏你的是又红又专。”有人问她是如何将红与专做到双突出的。李一芝回答：“红与专并不矛盾，而且是必须结合在一起的，你没有很好的专业知识，你怎么能够为人民服务呢？你不为人民服务，你学这个专业知识有什么用呢？”

李一芝与恩师

魂牵梦萦情系母校

1994年，因为大儿子生病，医生嘱咐需要更换环境方能有益于治疗。李一芝含泪向中南财大和金融学院递送了调动申请。她是多么不愿意离开这个温暖的地方啊。但作为一个母亲，为了孩子抛弃这一切，又有谁能责备呢？

这一年，学院领导研究决定后，同意了李一芝的调动。这一年，李一芝离开了学习生活16年的中南财大，前往北京农业职业学院就职。

李一芝组建了北京农业职业学院的金融专业，一切都是空白。筚路蓝缕，以启山林，从教学到科研，李一芝利用在中南财大金融学院学习到的专业知识、锻炼出的管理能力，一步步将这个新专业建立并成长起来。但是，在学科向更高端阵地冲锋的时刻，李一芝总觉得有力所不能及之处。这时，母校金融学院的师生们向她伸出了援手。

“我们农业职业学院向相关业务部门打报告，要搞调研，要写书，要多少钱，很多的专业方面的事情需要去沟通去做，但是，谁理你啊？这时候，我们财大的学生、同事给了我很多帮助，比如带我一起调研，到好几个省去搞调研。许多的日常工作，也是如此。”

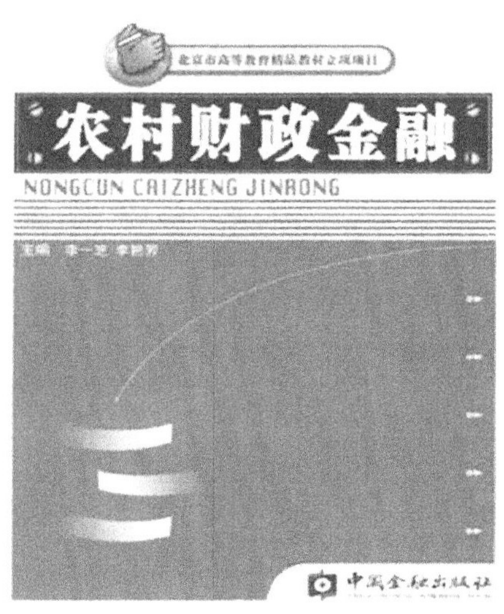

《农村财政金融》

“尤其是在财大金融学院的帮助下，2003年的时候，我的团队搞出一本《农村财政金融》。这是当时北京高校教材的精品立项教材，很多学校来竞争，其中包括清华、北大，但是我们农业职业学院能够拿下这个项目，把书写成且出版了，算是一个奇迹。”

李一芝与母校

“反正有困难，我就回家找中南财大金融学院。我一点都不见外，这是我家，我是她的女儿。”李一芝深情地说。

李一芝与同事和学子

离开金融学院有20多年了，李一芝经常会去看望老师、老朋友、同事们、同学们，联系十分密切。金融学院也时时地惦记她、关心她、帮助她、支持她，每逢节庆，都会邀请她回家。

李一芝与同事

退休后，李一芝撰写了自传《为爱回眸》，感动了许多人，尤其令金融学院的老朋友落泪。书中用大量篇幅，深情记录了她在中南财大金融学院学习和工作的日子，中南财大的一些老教授看了这本书后，不禁老泪纵横，他们说："谢谢，谢谢你还记得我们，谢谢你真实地记录了这段历史。你是我们的骄傲，中南财大感谢你。"

李一芝的晚年生活

微笑面对困难，勇敢跨过坎坷，如今的李一芝教授尽享快乐的老年时光。她充分展现着自己的各项才艺，唱歌、跳舞、弹钢琴、旅游、读书、看报、写文章，忙得不亦乐乎。丈夫陈明道多年来无微不至地照顾九旬老岳父，被评为"孝星”，受到北京市政府表彰，让这个美满的家庭更添光彩。她和丈夫的爱情故事，还登上了央视和北京电视台的荧屏。好日子像一幅徐徐展开的美丽长卷，绚烂而明媚。

李一芝与丈夫